年青生活

哲思20則

曾瑞明　著

年青生活哲思 20 則

作　　者：曾瑞明

責任編輯：張宇程

封面設計：涂　慧

出　　版：商務印書館 (香港) 有限公司
　　　　　香港筲箕灣耀興道 3 號東滙廣場 8 樓
　　　　　http://www.commercialpress.com.hk

發　　行：香港聯合書刊物流有限公司
　　　　　香港新界大埔汀麗路 36 號中華商務印刷大廈 3 字樓

印　　刷：美雅印刷製本有限公司
　　　　　九龍觀塘榮業街 6 號海濱工業大廈 4 樓 A

版　　次：2020 年 7 月第 1 版第 2 次印刷
　　　　　© 2020 商務印書館 (香港) 有限公司
　　　　　ISBN 978 962 07 5847 8
　　　　　Printed in Hong Kong

　　有朋友說，我的前作《香港人應該思考的 40 個哲學問題》適合中學生閱讀，甚至曾在課堂向學生推薦。

　　我亦收過一些中學生對這本書的「閱讀報告」，既開心也有點惘然。老實說，我原初設定的閱讀對象是老師，和對哲學有興趣的成年人。設定是重要的，它讓作者能站穩陣腳。即使有哲學博士對我說那本書不夠「深」，中學生又說不夠「淺」，但我也能不慌不亂；就像做人一樣，不去定位，就容易左搖右擺。

　　話說回來，之所以有拙作「未必適合中學生閱讀」這種看法，是我以為中學生水平不足，故不能讀哲學嗎？那不是重點，我的看法是：更應去問其實青年人是需要思考，還是需要哲學？思考是每個人都需要的技

能，從簡單推論、陳構論證到判別是非，都需要思考能力。沒錯，哲學是可以訓練思考，但並不是唯一方法。

另一方面，作為哲學出身、在中學任教通識科的我，不乏擔任哲學學會顧問老師的經驗。據我觀察，參加哲學學會的同學，都對生活的問題充滿好奇，才願意在午飯後或下課後，騰出寶貴的空餘時間，去思考比平時課業還要艱深，還要沉重（當然有時候會比課業有趣！）的問題。但無奈，哲學本身是一門艱難的學問，要一探究竟，需要付出甚多。你要細閱文本（有些文章可能要看30多遍！），明白定義，然後理解論證。這還不夠，也要提出評論（至少理解其他人的評論）。這是基本要求，別說還要了解哲學史，要有理論創造力，要意識到哲學跟其他學科的關係和合作了。

這很有意思，也很具挑戰性。但很多時候，探討問題的興致都在了解哲學的活動中消耗掉。

希哲柏拉圖在《理想國》（*Republic*）中提到，人們到了30歲才夠成熟學習哲學。哲學對人或有不良影響，包括多疑、每事都辯論……而哲人就是如此懂得反思，包括反思哲學自身；也驅使每個讀哲學或從事哲學工作的人反思：哲學有沒有令我變得更好？

要學得其所，是一生的功課。我仍願意在此條路上學習，也在當中受益匪淺。雖然我絕對同意哲學能幫助

我們想問題時更深入、更嚴密、具備更多角度，但比起哲學，思考卻是每個人都需要的，都會做的，特別是對青年人來說。青年人應該對生命有激情，對世界充滿好奇。青年人不一定要讀哲學，但一定要保持好奇心。

哲學是專門的學問，並不一定適合所有人，但哲學的精神，優美的哲思，都能令人對世界的複雜、人事的糾結、平凡中的不平凡等產生驚訝。這也是柏拉圖所說：「哲學始於驚奇，驚奇是哲學家的態度」（"Philosophy begins in wonder, and wonder is the attitude of a philosopher."）的意義所在。

這種對世界的好奇心，姑且稱之為「哲學氣質」（或「哲學態度」），或許是在當今社會、當今世界上，比「讀哲學」更殷切需求的一種特質。我是一位通識科老師，常接觸學生，發現他們對生活已有定論：「一定係咁㗎喎」、「唔係點呀」，這些話很容易掛在口邊。彷彿世事已被他們看透了，再也沒有研究、欣賞和了解的價值。有了互聯網後，好像甚麼都能擁有，反而欠缺了喬布斯（Steve Jobs）所說的 stay hunger 和 stay foolish。

當然，世間沒有無緣無故的恨，也沒有無緣無故的麻木。我們都知道現今青年人的生活多麼緊迫、多麼乏味，多麼無奈，多麼的缺乏希望。如果哲思能讓我們有多一點瀟灑，多一點「哲學的陌生感」（借陶國璋先生的

話），我們的年輕一代，會不會看到另一道風景？會不會看到多一些可能性？

哲思是哲學家、思想家、文學家在生命和生活中的一些觀念和看法。它們孕育自生活，卻比生活精煉，能直指人心。我和讀者一樣，有相似的生活，都在香港、在學校、在互聯網、在人際關係網中遊走或者被困。但請相信我的「魔法」，借中西學術的資源、古今的智慧，我們能在尋常不過的生活中，看到不一樣的道理。希望你看完這本書，會說一聲「活着多好」吧！

我是一個樂觀的人，相信未來會好起來。希望就在青年人，他們是世界進步的動力。如果青年人永遠對生活保持着一分敏感，有勇氣去質疑，但同時小心翼翼找出事情的法則和理由，將來由他們管理的世界會是多麼美妙。我在這本書會跟年青人一起從生活的土壤出發，慢慢離開地面，在半空看看我們究竟是如何活着。那豈不是一趟奇妙的旅程，比飛去日本吃喝玩樂更值得期待嗎？

這本小書也是向朱光潛的《給青年的十二封信》、里爾克（Rainer Maria Rilke）的《給青年詩人的信》和唐君毅的《人生之體驗》致敬。我在青年時慶幸遇上這些真誠而溫暖的書籍，作者們堅定的聲音為你勾畫出生命的輪廓。前路茫茫，但能見古人，知有來者，竟不至

過於寂寥。

　　每個時代的青年人都有迷惘，但迷惘總有不同。希望這本書能給青年人溫暖的安慰。我當然比不起上述的哲人，但如果能為青年人做點甚麼，難道尚要推推讓讓嗎？而且，生命是屬於每一個年輕人的，說教的人永遠不會比你更明白自己。不過，透過了解說教者，你也可能更了解世界和自己。

　　本書部分文章和內容曾在《01 哲學》、《端傳媒》、《明報》、《讀書好》、《立場新聞》和《字花》刊登，惟都經過改寫，謹此說明並致謝。

曾瑞明

延伸閱讀

1 青年人為了難以預計的未來，應閱讀甚麼好作準備？政
   治學者克里斯托弗・柯塔納（Christopher Kutarna）在網
   站上（https://fivebooks.com/best-books/navigating-future-
   chris-kutarna/）介紹了五本書，當中的關鍵詞都是「如何活
   着」，而不是 STEM。

2 美學家朱光潛的《給青年的十二封信》是給以中學程度為
   主的青年，談他們應該關心的事，如談讀書、談社會運
   動、談作文。年代不同，關注也不同，今天我們該和青
   年人談甚麼？這本《青年日常哲思 20 則》就嘗試提出一
   些當代的話題。

3 新儒家代表人物、新亞書院創辦人之一唐君毅的《人生
   之體驗》，是一本在失眠夜該拿出來讀的書。你會像在荒
   山破廟中遇到一位智者，給你訴說人生的種種艱難和箇
   中智慧。這也是我心目中的「哲思之書」。

4 德語詩人里爾克（Rainer Maria Rilke）的《給青年詩人的
   信》並不只適合詩人閱讀。這本書教導讀者正視靈魂，包
   括了自己營造生活的誠懇建議：把自己當成一首詩吧！

No one can advise or help you –
no one. There is only one thing you
should do. Go into yourself. Find
out the reason that commands you
to write.

Rainer Maria Rilke

目　錄

IG

濾鏡的我才是真的？

作為一個長期使用臉書（Facebook）的「老餅」，開一個 IG account（Instagram 帳戶）可說是神奇經驗。我當時想：一幅圖有甚麼好看？後來才明白，一些人會覺得：一堆字有甚麼好看？

為何後來又開 IG？事緣一次指導學生的 IES（獨立專題研究），同學想探討人們在不同的社交媒體上 post（張貼）的東西會有甚麼不同。學生說，用 IG 的人都會 post 食物相，Facebook 則較社會性。我當時不太相信，但「沒有調查就沒有發言權」，於是便開了一個 account 試試看。作為「人有自由意志」的信徒，心裏想：post 甚麼不是由自己決定的嗎？

從此，我愛上了在 IG 上 post 食物相。理由有三：

（一）為生活作紀錄；

（二）跟朋友分享一下；

（三）IG 的濾鏡令我的世界看起來更美。

見笑了。我只是在合理化（rationalizing）自己所做的，而並非真有深思熟慮的理由（reason）才做一件事。人在日常生活中，常常並非運用理性思考，而是先決定，後再自圓其說一番。這是不可避免的，只要意識到人有這種傾向就行。

我也明白，我們在利用媒介表達，但媒介也在塑造我們。

身體作為媒介

我們的身體不也是我們表達的媒介嗎？我們的面部表情、手部動作、身體姿勢，都在表達我們的所思所感。然而，也可以說，身體也反過來塑造了我們。我們透過身體跟外面的世界打交道。這樣說好像是我們躲在身體背後控制着身體。或許不是這樣，「我」實在是由身體展現出來。如果你有水母的身體，即使你尚有現在的「思想」，你也不再是你。或者說，你的世界不再一樣。

我也可以透過寫作把自己展現出來。你看到我寫的東西，「我」的思想在筆墨中呈現。即使我死了，你仍可透過我的文字了解我的所思、所想、所感。但你也必須知道，文字中的自己跟真實的自己可能並不是同一個人。在文字裏人可以很體面，很有組織，但現實中可能是一塌糊塗，醜態百出。

衣服也是我的延伸，我穿着整齊，結上領帶，表達了我很認真，很重視的態度。隆重場合，真的要穿着好一點，否則人家以為你想表達甚麼信息，是抗議？還是輕視？

甚至，朋友也是我的延伸。你的朋友之所以是你的朋友，必然是因為他／她或多或少盛載着你認同的價值。「物以類聚，人以羣分」，這是為何我們要慎於交友的理由。別人的確會以你有甚麼朋友來評斷你。

我的子女，則是我血肉的延伸。父母能透過教導，將子女塑造成他們認同的樣子，過程中或會有反抗，有衝突，最終可能達成和解、諒解，也可能不會。這是人這首樂曲的結構。

　　說到這裏，你大概也知道我要說甚麼：對了，IG也是我的延伸。

自戀的我們

　　容許我問你一個問題：你有沒有看過自己的 IG？你愛不愛看自己的 IG？

　　或曰：post 相前一定會看看吧？看看自己美不美。

　　或曰：怎樣也要看看濾鏡效果如何吧？Ludwig？Aden？Lo-Fi？（我最愛 Clarendon。）

　　IG 不僅是社交媒體，還是一面讓我們看見自己的鏡子。德國童話故事《白雪公主》中，壞心腸的皇后經常問：「魔鏡、魔鏡，誰最美？」就像她期待魔鏡合宜的回應一樣，我們也希望有這一句：「你最美」。

　　我不關心美，我只關心「我是否最美」。我最美，真的？那就好了。我真的很愛自己，我捨不得自己。就像希臘神話的那個美少年納西瑟斯（Narcissus），他長得很美，但卻從未看過自己的容貌。然而，少女的癡迷反應讓他知道自己擁有令人傾心的容顏。因此，他看不起

其他人，他不關心世界，不愛別人，即使一個名為 Echo（就是回音！）的少女為他傷心至死，留下無窮回音，他都不為所動。直到他在水池邊看到自己的倒影，他才找到一生所愛 —— 也就是他自己。然而，他太沉溺於自己的外貌，竟不願離開池邊，最後落得憔悴至死，死後在池邊竟生出了水仙花（學名為 Narcissus tazetta）。後來心理學的自戀症（Narcissistic personality disorder）就用上了納西瑟斯的名字來命名。

我們未必有納西瑟斯的神奇相貌，但有如同水池一樣的 IG。IG 如神一般，能將我們美化。這你應會同意。要問的是：IG 令你更愛世界，還是更愛自己？它會令我們變得自戀嗎？或多或少，在用 IG 的「過程」中，我們總會有以下的看法：我的頭像最美，每一張照片也出類拔萃，人們應該追隨我，他們應該關心我的歷程，我的每一個 post 大家都要投入。

可惜事與願違，我們每一次的期待都變成了失望。我們只覺自己不如別人。人們有這麼多個 like，我只得兩個，有一個還是自己給的呢。

我也會看別人的 IG，也會看世界，但是，其實我不愛世界。

「世界」在我彈指之間流過，你的 post 只是我吃飯時、坐車時用來「殺時間」的東西。我或許會給一個「心

心」，但只有一秒感動（或根本不會感動）。管人家費盡心思，機關算盡，對不起，我也只能給他／她半秒鐘。想想看，人家也只給我半秒鐘嗎？我可沒有想，我的計算方法是「心心」的數量。看不到的，就好像不存在。

我看，故我在。

我要更多「心心」，因為愈多「心心」，就等如做到他們眼中的「理想我」，一個受關注、受歡迎、有存在感的我。

這就是自戀的我們。

感到快樂嗎？

自戀的我是追求快樂嗎？自戀能令我們快樂嗎？你要快樂嗎？

很弔詭，你一味追求快樂，竟然就會不快樂。你愈關注自己，竟然就最傷害自己。但怎樣才能不再追求快樂，或能控制追求快樂這種慾望？佛家說要忘我，忘了那個追求快樂、但只會愈尋愈苦的「我」。我不容易抹走我執，始終一隻螞蟻跟一個人是不同的。螞蟻意識不到自己的快樂，但人卻可以。

這種意識是快樂和痛苦的根源。我們未必要消滅它，但放大它會否太過危險？借助科技，我在社交網絡每天苦心經營一個「我」，一個漂漂亮亮、受人歡迎、

永遠是主角的自己。但可惜人總有軟弱、醜陋和平庸的一面 —— 那也是我的一部分。我有沒有時間面對它們？反而，在臉書上看到不少人愛在陌生人面前表現自己的空虛和孤獨，這可以理解，我們都是孤獨的。但將自己的孤獨變成一個供人娛樂的 post，那我是珍愛自己還是輕看自己？有更好的紓解方法嗎？

自我的重要性

完全沒有了自我，來到一個完全客觀的境地，也很可怕。我會失去專注，失去意義，失去獨特性。愛自己是應該的，我們為甚麼對愛自己感到尷尬呢？我們如果不自愛，我們還能合理地生活嗎？人生還有富意義的追求嗎？我還能愛人嗎？如林夕在《給自己的情書》的歌詞中所言：「自己都不愛，怎麼相愛，怎麼可給愛人好處？」

藝術家總帶着一個「我」去創作，但那個「我」會是一個更大的自己，能包容和接納更多東西，這是心靈的擴充。像電影《一代宗師》所說，那是「見自己，見天地，見眾生」的人生修行。據說，那個會是你的真我。

你的牙痛當然不等於我的牙痛，但在藝術世界中，我可以透過同情共感，也好像能感受到你的牙痛。這個「好像」，讓我們連結在一起。我們看電影時，不是常常

跟電影中的角色同悲共喜嗎？你有試過被一首樂曲「電擊」心靈嗎？藝術能達到這種連結，但社交媒體能做到嗎？媒體令我們更 social？還是貨真價實的 anti-social social club？

延伸閱讀

1 哲學家西門・布萊克本 (Simon Blackburn) 的《**你就要很獨特**》(*Mirror, Mirror: The Uses and Abuses of Self-Love*) 出人意表地指出，自戀並不如坊間那樣所說一無是處。適當的「自重」(self-regard) 對我們的人生是健康的。

2 曾被囚在集中營的心理學家維克多・弗蘭克 (Viktor Frankl) 在其名著《**活出意義來**》(*Man's Search for Meaning*) 指出，只有人生意義才能令我們抵禦痛苦活下去，而非為了追求快樂。他也創造了意義治療 (logotherapy)，助病患者能夠活下去。

3 你有因為 IG 而成為自戀狂嗎？看看自己有沒有網頁上列出的七個癥狀。(https://www.businessinsider.com/narcissists-habits-instagram-2018-1)

4 文化史學家克里斯托弗・拉希 (Christopher Lasch) 在《**自戀主義文化**》(*The Culture of Narcissism*) 一書告訴我們，20 世紀的美國正身處病態的自戀文化中。這本書在 1979 年出版，如作者看到今天的狀況，恐怕會概嘆一句「病入膏肓」。

It is the thought that the least efficient way of finding either happiness or pleasure is to pursue them. Put in terms of happiness, we can see it like this: To be happy you must quite literally "lose yourself". You must lose yourself in some pursuit; you need to forget your own happiness and find other goals and projects, other objects of concern that might include the welfare of some other people, or the cure of the disease, or simply in the variety of everyday activities with their little successes and setbacks.

Simon Blackburn, Mirror, Mirror:
The Uses and Abuses of Self-Love

早會

是不是罰企？

不少同學會覺得，早會只是「罰企大會」。

有椅可坐又如何？不過行禮如儀。也沒那麼美好吧？台上的老師總是在教訓，叫我們要有正能量，叫我們多做義工，叫我們早睡早起⋯⋯（下刪 1,000 字）。台下的學生總像有千般不是：沒有好好讀書，沒有積極參與課外活動，沒有預備好融入大灣區⋯⋯

好了，若真有話要說，為甚麼不把要說的話，用電郵或者短訊形式（或者放在 IG？），傳送給每一位同學？讓我們可以在車上看，在自修室看，在廁所看⋯⋯節省時間之餘，說不定還可以早點放學呢！

作為老師，我不能否認的確有必要檢討早會的內容，但我還是相信，早會的形式有其內在理由。

早會的存在理由，也就是「禮」存在，和應該存在的理由。

人為何要禮？

每個瀟灑的年青人，也許口裏或者至少心裏都曾問：我們為何要花時間、花心機去辦婚禮？是為了拍幾張照片然後放在 IG 嗎？是為了做一場好 show 供大家娛樂一下嗎？甚至是為了賺取可觀的人情收入嗎？

人死了，為何還要辦喪禮，「喊苦喊忽」？是讓人相信死亡不是終結嗎？是讓大家情緒爆發一下，促進身

心健康嗎？直接把遺體放進焚化爐會否更省時、方便、快捷？

的確，「禮」常常以一種虛偽、無謂的狀態呈現在我們眼前。但那是「禮之末」，我們仍要問，「禮之本」是甚麼。用現在的話說，即禮的「初心」是甚麼。

禮的初心

儒家思想雖然常常給人一種迂腐的感覺，但我一直覺得它對禮的說明最具說服力。在儒家眼中，禮是我們表達情感的一種方式，我們透過禮也可以分享他人的情感。透過好的禮，人與人互相聯繫，不再孤獨。的確，儒家會承認有不好的禮，但卻不能接受失禮。日本人受中國文化影響，到今天仍常常將「します」（失禮）掛在口邊。

我常常問學生，拜山有甚麼意義？死了的人聽不到我們的說話，也吃不到我們搬上山的燒肉、西餅，整個過程看上去很無聊。這是事實，但禮不是回應事實，而在於創造意義。拜山作為一種禮，意義在於孝子賢孫會想像他們死後也有人這樣來「野餐」，還要一代接一代，我們了解到生死仍連在一線，彼此的關係也得以延續。人不是虛空的，也不是孤獨的。的確，拜山要花時間、人力和物力，但意義卻由此建立起來。按一個掣能完成

的事也許看來方便，卻培養不到精神深度。我曾試過在風雨中拜山，淋雨兩小時，渾身濕透，但卻終生難忘。這絕非「網上祭祖」一click即成可以比擬的。

是的，那是儀式的威力。就像吃西餐、聽音樂，如果我們隆重其事，盛裝出席，那一餐的滋味，那一首樂曲的震撼力，絕對非同凡響，這是形式的妙。當然如果內容不吸引，食物不美味，樂曲不動聽，那徒具形式的空白感卻會令人更難堪。被戀人拋棄傷心，穿着婚紗被戀人拋棄更傷心。在葬禮上，人們不哭而竟然玩手機，感覺更悲涼。

禮創造了意義

青年人總愛問人生有甚麼意義，其實這是現代人都愛提出的問題。我們想尋找意義。然而，在前現代（pre-modern）的儒家卻看到一點：我們是人，我們透過禮儀可以自己創造意義。人忽略禮，忽略儀式，其實是忽略了人創造意義的能力。我們可以用儀式將尋常生活和當中最重要的部分劃分出來。生死事大，我們就要用儀式將它們標示出來。日本電影《日日是好日》就描繪了茶道的繁複儀式，令我們更能領悟人生。當中未必每個儀式都有意思，但由樹木希林飾演的武田老師說：「這背後有甚麼意思我不知道……總之大家就是這樣做……為

甚麼妳總是喜歡問為甚麼呢？」不再問為甚麼，只投身於禮，可說是最仰賴禮的功能的表現。

年輕人或會想，為何我不能帶着耳機邊聽音樂邊吃飯，甚至邊打機邊吃飯？最常聽到他們說：「我聽到你講野㗎。」現代人時常追求效率，儀式可免則免，一切從簡，拜年拜山在將來都可以在手機彈指之間完成，卻欠缺了靈魂深度，也失去了對其他人的專注和投入。一家人吃飯，除了達成「醫肚」這個目的，其實是借一個機會，看看對方，談談天。現今世代不止是「同枱吃飯，各自修行」，更演變成「同枱掃機，各自吃飯」，男女朋友都係咁話。「專心」、「誠心」已不再是流行詞彙，但一個可傳給萬人的祝福 gif，怎比得上一個誠心誠意的親身慰問？誠心誠意，跟三心兩意的戀愛，也大有不同。

禮是羣體活動

當然，一個人去拜山，和一家人甚至一個家族去拜山也是有不同的。在家裏聽音樂，和與觀眾一起聽音樂會是不同的。一起看笑片就更開心，不只自己笑，還可以跟其他人笑，知道甚麼情節最令人發笑，最好笑（還知道有些人不懂笑或亂笑）。和別人一起參與某些儀式和場合，就構成了我們的共同身份，從中也獲得了集體回憶。兩個人在拉斯維加斯註冊結婚僅僅是兩個人

的事，而設宴招待朋友賓客，則是將婚事變成眾人之事了，參加者都成了見證人。前者不一定是錯，後者也不保證快樂，但兩者的意義不同。

　　"Assembly" 的意思是為特定目的的聚集。早會可說是一個集體的禮，其內容未必稱心如意，但形式足堪我們珍惜。一間學校裏的人各有自己的目的，但總算有一刻目標一致。話說回來，有沒有聽過一個早會，其中老師說了一個令人醉心的故事，或者一段真心的分享，大家之後一起談論，甚至到畢業多年後，大家仍然能記起那次早會後的感覺？如有，那就是禮了。

延伸閱讀

1 宗教研究學者巴利・史蒂芬生（Barry Stephenson）的《**禮儀——牛津通識讀本**》（*Ritual: A Very Short Introduction*）從理論和歷史角度剖析了何謂禮儀，以及禮的功能和限制。最重要是他指出了禮儀是價值和意義的來源。

2 邁克爾・普鳴（Michael Puett）在哈佛教授中國哲學，他的《**哈佛中國哲學課**》（*The Path: What Chinese Philosophers Can Teach Us About the Good Life*）把中國哲學和現代生活貫穿起來。其中討論禮儀之道的一章，指出禮儀能營造一種情境，讓我們體會他人的感受，從而更能夠改善人際關係。

3 電影《**日日是好日**》告訴我們，世上的事物可分為「可立即理解」和「無法立即理解」兩種。無法立即理解的事物，日復一日地在形式中就會令人心領神會——很神啊！禮大概屬於無法立即理解的東西（這本書也是）。

林放問禮之本。子曰：「大哉問！禮，與
其奢也，寧儉；喪，與其易也，寧戚。」

《論語八佾第三》

成績

是不是等於快樂？

我喜歡看畢業生拍的短片，看到他們快樂、憂傷、擔憂、恐懼和無聊——總之，我喜歡看到他們隱藏的意識和思想。較強的班別會以成績和升學作為短片主題；較弱的班別則會探討畢業後的生活，浮沉、理想、疑惑與堅持。不過，我的取樣有限，以上只供參考。

通識科行家們都常說，為甚麼「弱班別」往往對社會問題較有觸覺，會寄望社會更公平和正義？而「強班別」則只關心答題技巧或者「求分數」？是因為勝利的盲點就只有勝利嗎？

我們現時的教育，上至大學，下至小學、幼稚園，都是培養所謂「叻人」，或者覺得自己「叻」的人。就算修讀哲學，都是以辯論很叻、理論很勁作為炫耀。我記得讀哲學時，導修課的一位同學跟我說：「一陣間我哋搵位插佢」。還以為我們是做罪犯呢——其實是要打擊他人觀點以取得分數。

學習的態度

學習應有的態度是：我們本身知道甚麼，而我們帶着這些已有的知識，對解決問題有甚麼幫助？又有甚麼局限？我們該知道甚麼以克服這些局限呢？學習不是要告訴別人我知道甚麼。

不信任、撕裂，除了在政治上出現，在生活上也比

比皆是。如果說學習態度好就是交齊功課，那我會說不是。學習態度好是指不要用那麼暴力的態度去對待知識。

我曾在臉書貼上一個留言，是關於「美國總統特朗普簽行政指令推翻奧巴馬氣候政策，並聲稱復興煤礦業振經濟、邁向能源獨立」等，當時我只是問了一句：「人命在商人眼中，究竟算甚麼？」一位博士卻向我發問：「環保是因為／為了人命？」

我很少大動肝火。也許內心蘊藏了種種情緒，我竟然動了氣。讀書讀得很好的人，就是連最基本的東西都要去挑戰嗎？我當然知道有各種各樣的論點，但我只想告訴他和自己，世界正在漠視人命，連應該批判這種看法的知識分子都漠視人命，只一味推銷自己的看法（例如要麼要夠爆，要麼要夠學術味），以為自己想的才是「重點」。這點對生命的共同確認並不是圍爐取暖，而是大家對話的基礎前提。

至於對人的理解、同情、尊重、欣賞和設身處地，則全是「無分加」的。有因必有果，教育沒有培育懂得合作和互相學習的人，於是在每個界別都缺乏真正的合作，只存在競爭。勝者其實有無限空虛，敗者則被踐踏得毫無價值。

我有一個學生，他為人謙虛、誠懇、好學，他說：「在中小學，永遠都只係叻先有人欣賞。唔叻？老師睬

佢有味。」我知道他以成為老師為職志，他也是那種會為了做好論文而遲交的「傻仔」。對他來說，知識真的比分數重要。今天他成了老師，不知能否堅持初心？

我十分欣賞他，但他可能並不起眼，甚至我擔心他會被制度「懲罰」。我們是否只能「好灰」？我也知道不少教育同工自視精英，將老師區分為「精英」老師、「渣」（弱）老師。也許真有這種區分，但他們的區分卻只建基於誰教的班別成績較好。

「都唔係喎，我啲成績咁樣阿 sir 都肯睬下我。」一位學生在臉書留言。這位學生很少留言，大概是因為我當晚跑步時遇上正在跳繩的他。當時在我心中有個念頭：「他還在跳繩呢！了不起！」

勝敗是人為

其實制度裏的「失敗者」到底輸了甚麼？事實是，認真恐怕才輸了。成績好的，也不一定生活如意、有意義。話雖如此，作為老師，仍明白制度迫人，擔心我們是否有能量製造勝利的「失敗者」。小女兒才小學一年級，就被成績牽繫情緒。測驗成績好，笑容滿面；不好，則亂發脾氣。我問她考得不好，應該怎樣做：「下次讀好一點。」那你為甚麼發脾氣呢？「因為不開心，考得不好會被同學取笑。」她在田徑班也被同學揶揄跑得

慢。但我知道她在課堂學到東西，那不是已足夠了嗎？我的安慰和支持，能幫助她渡過 12 年讀書生涯嗎？

事實是，畢業後，人們仍要你用收入和財富繼續參與競爭。

我們要明白，所謂勝敗其實是人類自己炮製出來的。當然，有勝敗的競爭無處不在：法庭、選舉、運動會，甚至尋找對象（你知道甚麼是情敵吧？）。但是，若只有勝敗，也解釋不了人類的一些特性。試想想，如果你跟一個小孩子玩波子棋，保證場場必勝，你會否就沉迷跟他玩？不會，你反而覺得沒趣。你會期待和跟你能力相近的人比拼，當然也想勝利，但更想在比拼中改善自己、令自己做得更好──這才是「有競爭才有進步」的意思。

這又是不是說競爭愈多愈好，或者競爭全是好事，沒有任何副作用？恐怕我沒有這個意思。因為妒忌、兇殘、仇恨、無情，往往伴隨太劇烈的競爭出現。記得前曼聯領隊摩連奴（José Mourinho）怎樣跟阿仙奴領隊雲加（Arsène Wenger）在場外口水戰嗎？摩帥形容雲加是「拿着望遠鏡的偷窺狂魔」，這恐怕是競爭狀態下的口部瘋狂現象。如果你的選修科老師跟鄰班鬥成績，他／她未必一定會教好你，反而是放棄你，叫你 drop 科！因為他／她覺得你會拉低整體分數。這種競爭並沒有帶來

甚麼「進步」。

　　競爭也不一定會帶來快樂。在每年 DSE 畢業班的最後一課，我都會播放心理治療師羅伯特‧瓦爾丁格（Robert Waldinger）的演講 "What makes a good life? Lessons from the longest study on happiness"。甚麼令我們人生美好？答案很簡單，良好的人際關係會令我們快樂。但我更想同學們知道，「我們如何不如他人」已徹底取代了「我們如何追求共同善」這個問題。我們需要一個有共同經驗、能同喜同樂的社會。但一個快樂的社會，絕不能在只有競爭的地方找到。

延伸閱讀

1 羅伯特 · 瓦爾丁格 (Robert Waldinger) 在 TED 的演講 "What makes a good life? Lessons from the longest study on happiness" 的結論建基於於哈佛長達 75 年的研究，很有根據。但結論卻沒甚驚喜，原來美好人生就是建基於良好的人際關係。然而，人際關係很麻煩，我們總是寧願分心找其他目標，與美好人生背道而馳。畢竟，我們都太愛捨本逐末。

2 已故教育學者陸鴻基博士的《**從榕樹下到電腦前 —— 香港教育的故事**》總述香港開埠至今教育的改變，其中一段值得引述：「香港的職效精英和公平競賽的迷思是建築在一連串公開考試之上的。考試的過程和成績都是有目共睹的。大家相信考試是公平的；及格的人憑真本領考到成績；不及格的真的是考不如人……」但要謹記，這是迷思。

3 學者詹姆斯 · 基廷 (James Keating) 在論文 "The Ethics of Competition and its Relation to Some Moral Problems in Athletes" 指出，當在運動中出現過量競爭時，人們會不擇手段去爭勝，而忘記了運動本身如何追求卓越。「有競爭才有進步」真的並非金科玉律。

It might be something as simple as replacing screen time with people time or livening up a stale relationship by doing something new together, long walks or date nights, or reaching out to that family member who you haven't spoken to in years, because those all-too-common family feuds take a terrible toll on the people who hold the grudges.

Robert Waldinger

粗口

我有傷害他人嗎？

有說在香港你要聽最多的粗口，不要去地盤，而可到大學校園走一趟——男女共用，動詞、形容詞、名詞一應俱全。社會人士或許會感到不是味兒，是否教育出了錯？甚至，通識科課程是否出了甚麼問題？你也知道，這年頭甚麼問題都算到通識科頭上。

　　先旨聲明，我並不打算在此作道德說教或譴責，把講粗口的人等同壞人、腐敗、不道德，因為有些說話的確「難聽過粗口」，比如前言不對後語、並非真心誠意的道歉、語言偽術、可惡的謊言等。有些人雖從不說粗口但心地很差，甚至是衣冠禽獸。這些提醒已在網絡上不斷出現，着我們留意表象跟真實可以是兩回事。不過，較少人會直面粗口本身，探討它的本質和特性。討論粗口不等於講粗口，我想大家也會明白。我可以保證，下文只討論粗口，而沒有粗口（這本書也沒有粗口，老少咸宜）。

　　粗口是一種禁忌，它牽涉大量有關性器官、性暴力和宗教的指涉，有時還包括排泄物，甚至會禍及別人的家人，特別是別人的母親，這是語意（semantic）的層面。但語言的運用的確很複雜，我們不一定只按字面意思用字。有時候，我們純粹借助粗口表達情緒。粗口可以用來表達憤怒，可以用來表達關懷，可以用來表達輕鬆，甚至可以用來表達友誼。只有在使用（language use）之中，我們得知講者、聽者是誰，在場環境是怎樣，以及在該環境有甚麼規則，才能真正明白粗口會否傷害他人。其實，就算簡單一句「你好」也可以用來傷害別人。想像一下用怨毒語氣說出「你好」（將「好」字拉長五秒）——也真可以難聽過粗口。

看脈絡語境

要學懂說話，學懂聽話，我們要學懂「睇 context」（語境），也即是我們講說話時的背景和所謂的「前文後理」。一個大學生或中學生講粗口，要看甚麼 context？我們要問的是：在某特定脈絡之下，講粗口是否妥當呢？

你會說，「你是老師，又來老師的那一套了。」所謂脈絡，不就是說學生不可以講粗口，非學生就可以嗎？不過，在學校不可以，在校外就管不到了。同樣道理，也不過只是因為我是老師，所以才不容許學生講粗口。遇到學生講粗口就要「處理」，也許處理時會很糾結，但如果不處理，會不知如何是好。事情這麼複雜，最簡單直接的做法還是動用權威：「我話唔得就唔得」。但這樣只會培養出「見人講人話、見鬼講鬼話」、陽奉陰違的「醒目仔」。當學生在大學再沒有中學那種「權威」老師，或者訓導組之類的機構阻礙，就大講特講粗口了。

如果粗口本身沒有問題，大講特講又如何？甚至，

有人會指粗口是止痛藥，有助宣洩情緒，紓緩壓力。有心理學家研究指出，粗口讓我們更有幹勁。廣東名將袁崇煥就有著名的「六字粗口」，而廣東人的「蠻勁」也在粗口中充分體現。粗口讓我們有得到權力（power）的感覺。粗口本身沒有道德的問題，那便只有粗口是否適合校園這個情景的問題了。

我們考慮一下以下三個情景，當中有沒有分別？

情景 A：兩個學生穿着校服，在學校大講粗口

情景 B：兩個學生沒有穿着校服，在街外球場大講粗口

情景 C：兩個學生在暑假期間，在其中一人的家中大講粗口

如果你能看出不同的情景下，粗口的不合適程度有異，你大概掌握了情景和語言的關係。有校規跟法律的差異，有擔負身份和卸下身份的差別，還有公和私的分別。當然，對於信奉「粗口萬惡論」的人來說，三者都沒有分別。即使自己在荒島對着空氣講粗口也是錯的，情景根本就不重要。

粗口的抗爭性

大學生講粗口的情況更複雜，因為大學生有期待自己挑戰主流道德的責任。很多年前，我就《中大學生報》

使用粗口標題，曾這樣寫道：

> 現在，不見得有很多人要把粗口驅逐，起碼在私人場合在彼此的同意下，朋友之間用粗口互相對談，很多人不會認為那有問題，甚至認為那是賞心樂事。但是在公眾場域說粗口，便要考慮其他人的感受和反應，因為約定俗成之下，粗口本身是充滿侮辱性及與性有關的暴力——這似乎難以抹殺。當然，如學生報所說，約定俗成的意思可以在不同語境下改變。沒錯，在某種特定的語境，例如舞台上，當眾做愛便可以是一種藝術表現。所以最重要的是，學生報有沒有給予讀者提示這是甚麼語境？如果有，提示是否足夠，讓其他人把握這語境？

那是十多年前的事了。今天再看，似乎仍是「語境」問題、「溝通」問題。我們在和誰說話？為何要這樣說？我們挑戰主流，也要搭建挑戰的平台讓人們懂得欣賞這種挑戰，當中還需要很多評論人作解說和開拓意義——這其實是藝術訓練和藝術評論。

粗口「服食」過量，可能會失去作用。這是我其中一個反對濫說粗口的理由。一名大學生說：「要是有

更好表達情感的方法，就不需要用粗口。我不是『大文豪』，『大文豪』可以用詩詞歌賦表達自己，但我不可以。」這一方面反映出，粗口是一種基層的語言，另一方面也反映出，大學生向基層靠攏，這是社會大勢所趨，也代表昔日的天之驕子現已風光不再，不願再自視「精英」。我們要問的下一個問題：那為何要辛辛苦苦爭入大學呢？粗口是大學生能運用的語言，但恐怕不是唯一的語言。豐富自己的表達方法，是教育的期望。但粗口一旦被濫用，其抗爭性和情緒表達的作用也會被漸漸抹去，使我們更難表達自己。這絕不是粗口問題，是表達能力培養的問題！

延伸閱讀

1 大學生講粗口一直是公眾關心的議題。如在大學生刊物講粗口又如何？結論就只有「大學生道德淪喪」嗎？《**中大五十年**》記載了 2004 年的粗口標題事件，很值得我們參考，當中包括對大學生角色的想像、公共空間和私人空間的區分和重疊——事情的確比我們想像中複雜。

2 女哲學家麗貝卡·羅奇（Rebecca Roache）在 Philosophy Bites 網頁討論了粗口的問題。她以語言哲學的角度分析語意和語用的分別。依我的認識，似乎甚少哲學家像她一樣研究粗口這個課題。她指出，我們對粗口過份恐懼有時會令我們忽略了有些時候要容許粗口在傳媒等公共空間出現。（https://philosophybites.com/2015/03/rebecca-roache-on-swearing.html）。她的另一個訪問則見於 https://iai.tv/articles/on-swearing-and-philosophy-an-interview-with-rebecca-roache-auid-832。

3 心理學家理查·史蒂芬斯（Richard Stephens）做了一個實驗，要參與者在很短促的時間內踏單車，有些講粗口有些不講；另一組參與者則做手握測試，也是有些講粗口有些不講。實驗結果證實，那些講粗口的人能有更大力量，研究者認為這可能與我們的交感神經系統（sympathetic nervous system）被粗口刺激有關。其論文 "Running head: Swearing, strength and power" 可在（https://www.keele.ac.uk/media/keeleuniversity/facnatsci/schpsych/staffdocs/richardstephens/Stephens%20PSE%20Author%20Submission%20Nov17v2.pdf）下載。

Do you wish me a good morning,
or mean that it is a good morning
whether I want it or not; or that
you feel good this morning; or that
it is a morning to be good on?

J.R.R. Tolkien, The Hobbit

戀愛

為甚麼要愛？

有人跟自己在一起的感覺怎樣？「無咁悶」是標準答案。一起吃飯，一起乘車，一起看戲，不那麼孤獨。然而，這是不是愛？如果跟同性一起，那便是友愛；跟異性一起，是否就是愛情？男女真的不可以是朋友嗎？這些問題可以交給負責愛情信箱的一眾夫人作答。我只想在此探討我們作為人是否能愛，以及為甚麼要愛。

現代人為何不能愛

我們是人，但我們也是現代人，現代人喜歡選擇。交友網站買點數除了交友外，也像吃自助餐。「莫道你在選擇人，人亦能選擇你」，有時我們誤以為很多人選擇自己，便等同很多人愛自己。有選擇困難症者，更根本不知道自己該選甚麼。

我們都忽略了人生中有些部分是不能選擇的。不可選擇的部分，也許令我們的人生更特別，包括：偶遇、邂逅、意外、錯過……墮入愛河就是人生中珍貴的經驗。你的父母也不是你選擇的，但他們也是如此愛你。

身處愛之中，我們可以狂喜，也可以無盡低落，愛簡直令我們發瘋。愛能令我們知道最重要的是甚麼，茫茫人海，學海無涯，你毋須妄想愛盡所有人，讀盡所有書；只有一個人，一本書令你專注就成了。我們在現代生活就是不能專注。相信你也有這種經驗，一大班人「無嘢傾」唯

有拿手機出來滑，滑足一天累極了。同理，愛也要投入，在愛中你不會感到疲倦，反而是愛讓你的特質發揮出來。有試過在愛的人面前滔滔不絕，將你的才華和想法展露（不是炫耀）出來嗎？有的話，恭喜你！觀乎現在情侶連吃飯都喜愛各自滑手機，雙方不時露出厭惡的表情……怪不得有作家稱這世代為「無愛紀」。

今天，每個人都渴望被愛，而非去愛；找對象比能否去愛變得更重要。心理學家埃里希·佛洛姆（Erich Fromm）指出，這是因為我們的婚姻不再是被安排的，人要自己找尋伴侶，於是我們的專注點便由我們愛的能力（faculty）變成愛的對象（object）。所言甚是，從來長輩只關心後生「搵唔搵到對象」，完全忽略他們有沒有愛的能力。特別是在市場化思維和法則之下，我們不是去尋覓可跟我相愛的人，而是「搵筍盤」。趁低吸納，奇貨可居是箇中原則。

現代社會上已沒有所謂鄰人，「知人口面不知心」，大家都是陌生人。沒有契約關係，我總要保障一下自己，不賺，也不要蝕。但去愛，我們是要令自己處於危險當中。在愛中我們是要給予，而不是交換。愛不是市場的經濟活動。

如何能愛？

那愛是甚麼？關鍵是不要將愛的對象物化。佛洛姆提醒我們，我們在愛中不是將對方視為工具，而是尊重，視他如他。在愛中我了解對方，也更了解自己。愛讓我們克服了孤獨。但留意：我們不是怕孤獨才愛，我們是在愛中克服了孤獨。

沒有孤獨感，又何來要克服的問題？在工業社會，聯繫人與人之間的紐帶斷開了，人充滿孤獨感，焦慮不安。往往靠酒精、藥物、性來逃避。在社會卻又不免從眾，失去了自己的特徵。英文表達得最好："feel lonely, even when you're not alone"。

佛洛姆建議，我們要克服孤獨，要先自愛。能自愛，才懂得去愛別人。自愛不是自私自利，也不是自大，而是把自己當成人來看待。勞動和生產也是我們的本質之一。要將我們的本質發揮，就要鍛煉、要有耐性、要有紀律。當我們的勞力跟主體結合，人就能做回一個人。但眾所周知，今天我們的勞力只是一種拿去賣的商品。如果我可以外判我的工作而能賺差價，我甚至可以賣出我的工作。我不止跟我的工作異化（alienation），我連自己都「異化」了。我還有甚麼資格去愛呢？我們去愛，是為了成為人。

愛不是病，但像病（留意「像」字）。愛不是用來幫助我們感知的，但它是我們一種在世存在的方式。健康的人

和生病的人，他們的世界是不同的。當我們這樣看，我們就知道問題不在於愛能給我們帶來甚麼，而在於怎樣去愛和怎樣去建構自己的世界。

愛更要求知行合一，這反映我們的人格高度。唐君毅就常常在寫給他夫人的書信中，展現一種客觀態度，將愛情放在個人之上：「我希望你能獲得一你真愛而且愛你的男子，我相信如果你還見了這樣的人而傾心愛他，你將覺得你精神有所皈依，你將不復覺人生旅途之荒涼寂寞了。我說這話不一定指我自己」、「數年以後不知誰是你的伴侶，誰是我伴。十年以後也許我們都兒女成行，那時再相看一笑，一切往事已漠然。」儒家的「義命分立」也可放在這裏理解。可以愛誰，跟誰一起，屬命；唯有如何愛，該怎樣愛，屬義，是我們可以控制及需負責的範圍。唐君毅沒有一定要「到手」的心理，只將自己所信、所惜，跟一個女人分享，甚至願意跟她「可能的」、「將來的」男友分享，這倒更感動了唐夫人。這種無私的愛，就是今天會被人嘲笑的「大愛」吧。

延伸閱讀

1 唐君毅是新儒家代表，預期應大講心性之學，但他有另一個身份，是愛情哲學大師。香港中文大學哲學系榮休教授張燦輝稱唐君毅是「中國哲學史愛情哲學第一人」。現在大家都知道《**愛情之福音**》的作者是唐君毅，雖然在書中標明的著者是克爾羅斯基（Kileosky），譯者唐君毅。從唐君毅身上，我們看到一個哲學家怎樣去愛，或者作為一個哲學家，該怎樣去愛。

2 美籍德國猶太人心理學家埃里希·佛洛姆（Erich Fromm）的《**愛的藝術**》（*The Art of Loving*）可說是現代人必須看的一本書。現代人以為浪漫的愛從天而降（雖然我已很久沒有聽過有人形容自己「墮入愛河」，反而是獵捕式詞語「到手」居多），佛洛姆則提出愛是一種知識，也要努力才能獲得。去愛是一種技藝，而不是一種被動的享受。

3 哥德（Johann Wolfgang von Goethe）的《**少年維特的煩惱**》、莎士比亞（William Shakespeare）的《**羅密歐與茱麗葉**》和小仲馬（Alexandre Dumas fils）的《**茶花女**》是文學史上三大青春悲戀。悲戀未必好，但悲戀中的壯烈情感倒能喚起仿如死水的心靈。青年人沒理由不喜歡這些書。

專注一段關係意味能夠聆聽。大部分人聽，甚至給予意見，但沒有真聽到。他們沒有把其他人的話當真，也不把自己的答案當真。這種談話令人疲憊。他們會有一種錯覺，就是如果集中精神去聽會更加疲倦，但相反才是真的。任何活動，如果能集中，令人更清醒。不集中的活動會令人更疲倦——還令人更難睡得着。

埃里希·佛洛姆

PROJECT

老師又不教書了？

很多年前常聽人說，老師講課通常很悶，不如叫學生做 project，他們會投入一點，開心一點。但這幾年跟學生做 project、IES 多了，就明白正如世上其他東西一樣，只要出現次數多了，人們就會感到習慣，公式化、形式化，沉悶感又來了。這就好像電子教學初出現時學生很是雀躍，大家便以為電子教學能令學生學習興趣提升——只不過是新事物帶來的新鮮感罷了，很快便打回原形。甚至竟然有學生回到我們最初想擺脫的原點：「老師又不教書了？教書無咁悶，阿 sir 講嘢幾好笑……」

異化了的 Project

公式化、形式化就是程序取代了過程，成品吞噬了目的。我曾目睹這種情景（我真係見過！）：學生在報告和展覽完畢後，立即摧毀其作品，像搭全程機場快線 23 分鐘內，將其初生孩子送到地獄。聰明的學生則永遠懂得做到剛剛好，按章工作，永遠不會出現真正的好奇心。在技術層面也很嚇人：學生用 IG 找資料、在 Youtube 定四條問題做問卷；學術誠信欠奉，把 post 文的人當成作者，東抄一段，西抄一句，事後無從得知「參考」了甚麼文獻。總之「有貨交」便成。

最要命的是，他們並不信任課程設計者有真心，有

初心。叫他們設計社區服務，有些人就誇口要痛罵社區的吸煙者，要令社區空氣回復清新；或者隨口說要執拾垃圾，做社區的「清潔龍」（很可愛！）——其實，社區跟他們甚麼關係也沒有，他們只當成是交差的事。他們也不相信真的要作出具體行動。總之，就不把那當成一回事。或者，只着眼一個可以換取分數或者交差的成品。

不過，也不可以完全怪罪他們，因為大家都習慣了功課是外在強加的，與分數掛鈎，和現實無關，是與我生命割裂的。教育電視的腔調，學校是溫室的比喻，都企圖把學校和社會隔絕。君不見他們出去當義工，也不忘要用分數把整件事合理化。有分數的嗎？沒有，但有OLE時數。

當我們做的東西和我們沒有關係時，就叫做「異化」。工業社會就曾出現這種情況，在高度分工下，工人並不理解自己生產的是甚麼東西。你不是在做智能電話，你只是做它其中的晶片。不要問那麼多，只管做就行了，否則沒有薪金。

Project 也有分工，但不至於那麼零碎，但青年人為了方便，節省討論時間，就大家各自做一部分投影片，跟着「炒埋一碟」就算了。要做報告，也是一人一節，各自各精彩；夠方便、有效率才是硬道理。不過，組員也是到了報告那天才知道大家會報告甚麼，所謂分組，

其實只是幾個「個人」不幸或幸運地被放在一起罷了。

報告的內在價值

　　事實上，project 的內在價值就在於我們透過一個活動，可以將自己作為人的特性展現出來。我們能溝通，能爭論，但也能妥協。我們在活動中可以展現或培養很多能力，例如閱讀能力、搜集資料能力等。我們可能會失敗，但那卻是培養我們各種德性和能力的機會。我們除了汲取經驗，也會變得更堅韌。我們會有好奇心，當得到滿足時會感到快樂。

　　大家都知道下棋是甚麼吧？你知道那是一種遊戲。不過，其實下棋是一個實踐（practice）。在每一個實踐裏，都有特定的目的。比如下棋，目的就是贏對手；但是在過程中，我們也會感受到當中技藝的比拼，當中有自足價值。漸漸贏輸並不是最重要，我們是在不斷追求卓越，並愈來愈了解德性，比如忍耐、堅毅和耐性的重要之處。

　　若問我現在正在做甚麼？打字。甚麼？我只看到你敲打鍵盤。你錯了，我是在寫作。為甚麼寫作？因為我有話說。有甚麼話要說？為甚麼有話要說？我想談哲學，因為我相信哲學討論能令我們的人生更美好。我們？是，因為我關心我的社羣、國家、世界。記得李怡

先生曾引用法國作家安德烈・馬爾羅（André Malraux）的小說《人的命運》（*Man's Fate*）的警句「一個人是他一生行為的總和」。我們要理解一個人做一件事的意義，定必要把它放在更大的脈絡去看。從人的一生，人的命運，才能看到人今天在生活中所做的那些瑣碎事情的意義。我們能看到當下做的那個 project，在人生中的意義嗎？

老師是倫理學家

老師不用教書嗎？事實上，教書比推動學生達到以上目的困難得多。老師自己 engage 教學不是易事，但要 engage 地叫人 engage 實在難極了。我以前教書，一定有學生發問問題，課堂是由學生的問題帶動。今天一小時的課，卻要預備百多頁投影片，不是因為我勤力了，而是因為要滅殺死空氣（dead air）。要講完一課不難，但安然面對一羣沒興趣的學生則極難。你會想盡快離開那個空間，大家各自做各自有興趣的事。

所以，老師其實更像一個倫理學家，他能將人生的追求帶給學生，點燃學生的熱情，這比提供大量筆記或無限量功課更為重要。不過，老師都有大量由別人提供的 project，包括查簿、交卷、寫計劃書、報告……這也許解釋了，教育變成了「交數大會」。老師由倫理學

家的角色，變成了要接受倫理關懷的對象。然而，老師若找到教學的意義，仍能默默承受這一切。

　　然而，人生若像一個 project，做甚麼，不做甚麼，始終不是老師為你指引的。而這個 project 本身要有趣，有意思。如果參與的人根本不當成怎麼一回事，這個 project 仍然是一點意義都沒有。意義、意義呀！

延伸閱讀

1　外在價值和內在價值是很重要的區分。我們容易看到有外在價值的東西,例如金錢、優惠券,但有內在價值的東西卻像很神秘,例如助人的快樂、欣賞自然的景色、處於健康狀態等。對此有興趣的讀者可參考網上的《史丹福哲學百科》:https://plato.stanford.edu/entries/value-intrinsic-extrinsic/。

2　PBLWorks 是一個推廣 Project Based Learning(PBL)的組織。且看他們如何定義 PBL:一種讓學生能透過主動在真實世界發生興趣和建立具個人意義的計劃的教學方法。(https://www.pblworks.org/about)我們實在做了太多 project,但卻忘了目標,也忘了真實世界。

3　蘇格蘭哲學家阿拉斯代爾·麥肯泰爾(Alasdair MacIntyre)堪稱現代的亞里士多德。他最廣為人知的作品《德性之後》(*After Virtue*)在 1981 年出版,被視為 20 世紀最重要的倫理學與政治哲學作品之一。麥金泰爾在這本書其實並不是在道德說教、教育品德、追尋品德。他做的其實是描畫在亞里士多德那種目的論世界觀「崩潰」後的情況:啟蒙運動哲學家不但在科學上放棄了亞里士多德,就連亞里士多德的倫理學都棄如敝屣。當然這樣的代價是德性不再受重視,現代倫理學只得那些貌似科學般嚴謹的分析和定義,卻沒有任何脈絡可言。麥肯泰爾用了科幻作品《萊柏維茲的讚歌》(*A Canticle for Leibowitz*)作隱喻,展示我們的倫理學就像經過大災難後的科學一樣,與傳統脫離、支離破碎、見樹不見林。這種狀況就是「德性之後」。

Paper money eventually returns to its intrinsic value – zero.

Voltaire

遲到

世界會因此變壞？

很多人都覺得遲到無傷大雅，甚至會自行定下「遲少少（15分鐘？20分鐘？2小時？）不算遲到」的神聖約章。有些人真的遲到得很厲害，但厲害在於還可以若無其事，你等他們半個晚上，他道歉也沒一句，令人火氣猛飆，一肚怨氣。別發脾氣啊，錯的變成是準時的你：不寬容，不體諒，不向前看。

習慣遲到的人，大概是吃了強力定心丸。因為有遲到經驗的人，都知道在趕赴約會的期間，想像力會大爆發：活動正在進行嗎？有人留意到我不在嗎？有人正在發怒嗎？我的形象會因此受損嗎？這些想像是社教化（socialization）下的結果。

究竟遲到是一個禮儀問題還是道德問題呢？如果你是一位醫生，經常做手術時遲到而導致病人死亡；或你是飛機師卻每次至少遲到30分鐘，那從後果論（consequentialism）來說，你真的在道德上有錯。但如果你參加一個只需要「聽」的講座，你遲到只是自己損失，對大會沒有太大影響（除非那個講座只有一至二人參加）；你遲到進入一個沒有人的戲院，也許甚至沒有對錯之分。

但問題是，如果人人也遲到，我們的社會能運作嗎？遲到就好像使用塑膠飲管，可能以為一個人用一枝半枝沒大問題，但當人人都用塑膠飲管，海洋生物就要

被迫「食膠」了。

不過「人人都⋯⋯」並不是一個很好的論證。因為很多符合道德的事情，如果人人都去做也會有不良後果。設想人人都用心讀書，那麼社會大部分事情都會被荒廢，因此用心讀書是不道德的——這推論當然有問題。

所以，較有意義的討論，還是當大部分人都遵守規則，而我不遵守又不會帶來太大影響時，我有錯嗎？這就是所謂「搭便車者」(free-rider) 的道理。經濟學的看法是消費者沒有付出生產所需的費用，卻享受了產品。在政治上，我們享受了只要大部分人明智投票，故我投不投都沒甚麼所謂。只要大部分人走上街爭取公義，我在家中歎冷氣看直播（或連直播都不想看，寧願打機），又有甚麼問題？

公私之分

個人和團體，公和私的關係，一直是研究中國文化人士關心的議題。社會學家費考通在《鄉土中國》指出，人人都說蘇州園林美，但蘇州城的河道其實衛生差到極點，人們都將臭水倒入河道，只顧自己。不過，「自己」的單位仍是家庭，不是個人。現代人則以個人為單位，區分權利和責任。

我們的自由也是如此界定。有謂「你的自由終止

於我的鼻端」(your liberty ends just where my nose begins)。當我們的行為損害他人，我們就沒有自由這樣做。反之，我都有自由去做。這是自由主義哲學家彌爾 (John Stuart Mill) 的傷害原則 (The Harm Principle)。嚴復將他的《論自由》(*On Liberty*) 譯為《羣己權界論》也有其理由。但重點放了在羣己，而不是自由。但「羣己」與「自由」兩個概念有密切關係。

臭水傷害了別人，所以我沒有權利倒臭水進公共地方。但如果我闖入某歌星的露天演唱會，免費聽歌，又有甚麼人受傷害呢？歌星還是這樣唱，多我一個不多，少我一個不少。用傷害來界定自由似乎還是有所欠缺。

不能忽略的關係

沒有傷害，不代表愛，不代表關懷。沒有關係的陌生人往往對我沒有傷害，但社會是一羣沒有關係的陌生人在聚集嗎？我們還是要回到最基本的問題：社會是甚麼、羣體是甚麼。社會養我育我，我當它是一個供我角逐名利的場所，還是我有責任去貢獻它？

我們也要思考公平的問題。如果其他人跟我沒有關係，那我為甚麼要考慮公平與否呢？如果其他人跟我有密切關係，我又怎會願意佔他人便宜呢？所以，關鍵還在於「關係」。我們跟同一社會的人有甚麼關係？

遲到未必會令世界有甚麼變化，但遲到會令你跟世界的關係有所變化。你還是會問，我為何要佔他人便宜？我很愛他們，還是很恨他們，還是並無感情？

　　現代社會的組織方式是契約式的，大家做事要你情我願。這樣當然能保障我們的利益，但也令一些概念變得不再可被理解，比如「忠誠」、「犧牲」、「付出」，甚至「支持」。要交入場費進場買服務，和自由捐獻是兩個不同的概念，不同的行為組織方式。前者強調活動有多少經濟價值，後者以你認為用多少價值來決定付多少錢支持那場表演──你較喜歡哪一種？人們正在開拓更多種付費方式，其實也是在開拓我們更多種不同關係的可能性。

　　說回遲到，要問的應該是：遲到的你重視我們的關係嗎？

延伸閱讀

1 中國社會學家費孝通的《鄉土中國》是一本很有趣、讓我們了解中國社會的好書。其中「差序格局」是一個極有解釋力的概念。中國人分人我，是像水的波紋一般，一圈圈推出去，愈推愈遠，也愈推愈薄。親疏難分，有時難定清晰責任。對男朋友就會遲到但對其他人則不會，是否也可用差序格局來解釋？

2 彌爾（John Stuart Mill）是 19 世紀英國著名哲學家、經濟學家、西方近代自由主義最重要的代表人物之一。他的《論自由》(*On Liberty*) 是一本經典之作，在書中他好像只是在說自由，但其實也替政府的權力劃下了一條界線。

3 遲到的人也許未必是立心不良，而是真的掌握不了時間。丹尼爾．H．品克（Daniel H. Pink）的《甚麼時候是好時候》(*When: The Scientific Secrets of Perfect Timing*) 就利用心理學、生物和經濟的研究，找出我們日常生活中各樣事情的最佳時機。休息有時，探病有時，結婚有時⋯⋯甚麼都有時。簡單來說，留意時間，在適當時候做適當的事。

在西洋社會裏，國家這個團體是一個明顯的也是唯一持出的羣己界線。在國家裏做人民的無所逃於這團體之外，像一根柴捆在一束裏，他們不能不把國家弄成個為每個分子謀利益的機構，於是他們有革命、有憲法、有法律、有國會等等。在我們傳統裏羣的極限是模糊不清的「天下」，國是皇帝之家，界線從來就是不清不楚的，不過是從自己這個中心裏推出去的社會勢力裏的一圈而已。所以可以着手的，具體的只有己，克己就成了社會生活中最重要的德性，他們不會去克羣，使羣不致侵略個人的權利。在這種差序格局中，不發生這問題的。

費孝通，《鄉土中國》

朋友

要一世的？

據說青年人最重視朋友，一羣人熱熱鬧鬧，多好。長大了，竟愛上孤獨，喜歡自己一個人吃飯。有一次在港鐵看到一羣年輕人走在一起，覺得他們自成一個世界，外人不容干預，竟又有點妒忌了。

　　跟朋友們在一起感覺良好，但友情真的那麼珍貴嗎？朋友是甚麼？「萬里長城長又長，我倆友誼比它長」、「朋友我當你一秒朋友／朋友我當你一世朋友」。時間和長度，才是友誼的重點嗎？我可以告訴你，有些人認識了 30 年，友情還是相當一般；有些人卻一見如故，相逢恨晚。友情不像酒，愈陳愈醇，時間只是增添了「念舊」這個元素。你可以想像，你今天認識的泛泛之交，不會在 40 年後自動成為好友，他／她不過是認識了 40 年的泛泛之交罷了。

不同種類的朋友

　　朋友是無條件跟你一起的人嗎？也不是。友情不是無條件、無動機的，它帶有一個目的，就是獲取快樂。不過，快樂並不是友誼的直接目的，而是內在於友誼之中。我們不會因為有其他途徑獲取快樂，或者其他人可以提供快樂，就可以把那個「朋友」棄之如敝屣。友愛的其中一個標準，是你的「朋友」不能被取代。的確，誰都可以和你一起打機，但你跟朋友一起玩，就是不同。

希臘哲學家亞里士多德區分了兩種友愛：一種是為了愉悅的，一種是為了效益的。多認識一些「朋友」，好讓他們成為我做 project 的「奴隸」，或成為我將來銷售保險的對象，那就是為了效益的友愛。另一種友誼是彼此在當中找到開心，比如跟某君說無聊笑話就令我樂上半天——最佳「損友」是也。但兩種友誼的對象都可被取替，如果有另一個人可同為我所用，或同樣令我高興，那我就可以跟某君說「886」。或者他／她不能給我愉悅，或者利益，友情同樣告終。

　　壞人可以跟好人做以上那種朋友，但也可以隨時終結。亞里士多德指出，德性之友愛卻是不可替代的。為甚麼？因為我們是欣賞他人的德性，而朋友也欣賞我的德性，這是雙互的。只有好人跟好人才可有德性的友誼（壞人不懂享受啊）。另一方面，德性是相對恆久的，不會常常改變。故此，德性之友愛較能讓我們終身受益。

　　孔子說：「無友不如己者，過則勿憚改。」這也是把朋友視為我們成德的重要助力。擇友必然要選品行比我們高的，那才可反映出我們自己的不足。我們才看到自己的「過」，不怕改正，我們的德行自然會進步。

　　然而，損友卻是我們最掛念的。陳奕迅的《最佳損友》這樣說：「朋友你試過將我營救／朋友你試過把我批鬥／無法再與你交心聯手／畢竟難得有個最佳損

友」。今天我想很少人會將友誼放在道德的視域理解，因為道德已不再是我們最重視的東西了。反而，我們着重友誼是我們自己選擇的，沒有人天生是朋友，也沒有人天生不是朋友，於是友誼跟沒法擺脫的親戚關係不同，最能彰顯我們的自由。

友誼是偏私

友誼也是偏私（partial）的，我們不會跟所有人做朋友，有一個知己更要靠運氣。友誼令偏私合法化，令我們找到自己的獨特身份。親疏有別不只界定關係，也界定我們自己。如果我們用效益主義那大公無私、利益最大化的角度來看，友誼實在太奇怪了。從效益主義來看，如果朋友患病，每天愁眉苦臉，堪稱「煩惱製造機」，有這樣的朋友何來效益、快樂可言？只有理由說再見。

更甚的是，我跟平平實實的阿明做朋友已經不錯，但作為一個要取得最佳後果的效益主義者，當我遇到「改善社會風氣，風靡萬千少女，提高青年人內涵，刺激電影市場，玉樹臨風」的阿雷時，就似乎更應跟他做朋友，幫助他、輔助他，至少付出時間給他。阿明，我們又要說再見了。

有時要說再見似乎有其必要。如果有一天你不幸患

上一種罕見的疾病，令你變成暴力大王、超級大話精，而這種病只會愈來愈嚴重，沒有治療方法；不知是幸運還是不幸，你有時也會清醒，當你清醒時，你決定改變自己對友誼的態度。為了不再害人害物，你跟一些朋友斷交。這當然痛苦莫名，但作為一位出色的「效益主義者」，你知道這是應該做的事，因為這樣才會帶來較大的好。你或許不是放棄友誼，而是改變生活方式。

這個例子當然有點極端，但這也說明了友誼也會講求犧牲，有時也會帶來傷感、哀痛。友誼不能保證甚麼，也不一定能凌駕一切。但我們說「友誼永固」的時候，其實有一種祈願：你知道我重視這個關係，我也知道你重視。這重視不是因為效益，或者獲取快樂，而是因為當中有你和我。這雖不能保證一世，但願保證一世難忘。

延伸閱讀

1 哲學家伊莉諾·梅森 (Elinor Mason) 在 "Can an Indirect Consequentialist Be a Real Friend?" 一文，想像有一個思維複雜的後果主義者。他不會輕易改變他的對友人的傾向，即使他知道該友誼不是最大化 (optimal)。一般情況下，他都不會放棄友誼，因為那對他來說很差。但在上文患上罕見疾病的例子，他有理由放棄友誼，因他是真正的朋友，也是一個後果主義者。

2 亞里士多德寫了一本很重要的倫理學著作，名為《**尼各馬科倫理學**》(*Nicomachean Ethics*)，那是以他早逝的兒子尼各馬科來命名，以作紀念。另一本則是《**優德勉倫理學**》(*Eudemian Ethics*)。由於前者比後者完整得多，所以我們主要是從《尼各馬科倫理學》去理解阿里士多德的倫理觀，其中友誼對美好人生的重要性，受到亞氏的強調。

3 若嫌哲學太抽象，可以看看 1989 年的電影《**暴雨驕陽**》(*Dead Poets Society*)。由羅賓威廉斯 (Robin Williams) 飾演的老師 John Keating 用與別不同的方法教育學生，這固然是電影精髓。但不能忽略的，還有同學們對生命意義的共同探索，雖然最終生死殊途，但友誼仍（像）長存。

The best friend is the man who in wishing me well wishes it for my sake.

Aristotle, Nicomachean Ethics

玩樂

做一隻滿足的豬不好嗎？

小孩子好像天生懂得吃喝玩樂，汽水、炸雞、卡通片、主題樂園，不需要教導都懂得「享受」。但一些較高層次才能獲得快樂的活動，比如行山、閱讀、學音樂，倒要花上不少唇舌和苦功，才能讓他們體會當中的好處。關鍵在於學習很苦，當中也會面對困難，甚至失敗。但一隻滿足的豬，有東西吃、有得睡，有得享受就可以了，為何我們要迫下一代學習，要他們「受苦」？

　　你要做一個能吃苦的人，還是一隻滿足的豬？豬永不遠會成長和進步，牠們每天如是，直到被宰殺那天。貪心的人或會問：可不可以又進步又滿足？我們今天的生活部分已是如此，用坐長途機的畫面來了解：坐、看電影、打機、睡、吃、看電影、睡。由一個地方，千里迢迢移至另一個地方，但最終目的是到外國求學，做一個進步的人。

　　這個混合法並沒有解答問題：不用甚麼留學了，全面地做一隻豬有甚麼不好？至少沒有煩惱，輕輕鬆鬆。加強攻力的辯者會說，你又沒有做過豬，怎知做豬不好？子非豬，焉知豬之樂？

人就是人，豬就是豬

　　對的，我真的沒有做過豬，但見過野豬，而且有煩惱。當我們說沒有煩惱時，其實是預設了有煩惱才說。

你不會說智能手機沒有煩惱，你為何會說豬沒有煩惱呢？你只能承認這樣說其實沒有甚麼意思。佛家的《六祖壇經》說「煩惱即菩提」，意思是沒有煩惱也沒有所謂解脫。你沒有經歷考試的緊張，也不會有試後的輕鬆。我還可以反問你，你又不是豬，怎知豬很輕鬆？怎知豬會有輕鬆的感覺？子非豬，焉知豬之樂？是不是你很快樂，才以為豬也很快樂？會不會是你很輕鬆，才覺得豬很輕鬆？

最要命的是，我們作為人，可以選擇。豬不能做人，但人卻能像（留意是像）豬那樣活。當人有兩種經驗，也許會知道哪種生活較好，就像居於兩地的人，可以說出不同地方的好壞。可惜你即使像豬一樣活，其實仍是帶着做人的觀點去活得像隻豬。正如作為人，你不能了解一隻蝙蝠如何感知。蝙蝠能在黑夜裏快速地飛行，因為它有回聲定位系統（echolocation system）。但人沒有這個系統，不能靠聲納，只能靠眼睛。人就只能感知到人所能感知的。人之所以為人，除了看分辨善惡的道德能力，也因為他獨有的認知方式（way of knowing）。

所以，我們更應問的是：人是甚麼？人的快樂會是甚麼？別打算跟動物比較。動植物公園的猩猩跳來跳去，不代表那就是快樂。牠就是純粹活着而已。也別將

人跟可以吸風飲露的神仙比較，人可是需要營養，需要蛋白質的動物。人是帶着概念去活的，有些人甚至說人必須帶着意識型態去活。沒有觀念，就不是人。

帶着快樂觀念做人

現代人帶着「快樂」這個觀念而活，過去的人則帶着「贖罪」，或者「尊嚴」而活。將來呢？我可不知道。就算是快樂這個觀念，古今也有差異。公元前 400 年希臘哲學家蘇格拉底的學生阿瑞斯提普斯（Aristippus），是快樂主義的創始人。阿瑞斯提普斯認為，人應求快樂（pleasure），例如滿足感官慾求、好好睡覺、享受美酒、「食好西」。但快樂主義不等於今天的自我中心、個人主義，它只是強調快樂的重要性，不是「我的快樂才重要」。不過，阿瑞斯提普斯強調快樂的即時性，認為不需要理會將來是否有快樂，也即「今朝有酒今朝醉」。

話說回來，快樂主義在古代並不太受歡迎。西方聖哲蘇格拉底就問，我們是否可以想像生命沒有快樂，但卻有智性活動？如果可以的話，那和一隻蠔有快樂卻沒有任何精神生活相比，哪種「生活」較可取？聖哲的答案當然是做人了。

不過，一隻蠔跟一個人始終是太不同了。蠔意識不到自己的快樂，但人可以。我們只可以在人的層次上

問：為甚麼對人來說，智性活動會比快樂更重要呢？棄絕智性活動的人仍跟一隻快樂的豬不同：快樂的人知道自己追求甚麼和放棄了甚麼。

說到這裏，如果你仍未放棄快樂是唯一重要的東西這個看法，可試試跟着哲學家喬治・愛德華・摩爾（G. E. Moore）做了一個思想實驗。他叫我們想像兩個世界，一個超級美麗，一個只是垃圾崗。這兩個世界距我們有十萬八千里，我們都沒有機會經驗到它們。現在讓你選擇一個留下來，你會怎樣選？

A. 留在超級美麗的世界

B. 留在垃圾崗

C. 沒關係，隨便吧

摩爾當然想我們選定 A，來證明我們除了重視自己經驗到甚麼，還有客觀的事態。你的直覺是，快樂／我的快樂不是唯一重要的事情。世界變成怎樣，也是我們人生關注的一部分。帶着快樂觀念，也懂放下，才是我們作為人的可貴之處。

尋找快樂以外值得追求的東西吧！

延伸閱讀

1 湯瑪斯 · 內格爾 (Thomas Nagel) 的 "What Is It Like to Be a Bat?" 是心靈哲學的名篇。他欲證明我們的心靈活動並不能還原至物理層面。就算我們知道一隻蝙蝠的認知方式的物理基礎，也不代表我們知道作為一隻蝙蝠是怎樣的。如果這樣的話，也許即使我們知道快樂的物理性質，也不代表我們能感知到快樂是怎樣一回事。快樂是第一身的。

2 葛瑞琴 · 魯賓 (Gretchen Rubin) 的《**過得還不錯的一年：我的快樂生活提案**》(*The Happiness Project*) 是一本暢銷書。作者可說是「人生勝利組」核心成員：樣貌娟好，又是耶魯大學法學院高材生，曾經擔任最高法院大法官珊卓拉 · 戴 · 歐康納 (Sandra Day O'Connor) 的助理；有個好丈夫，還有兩個乖巧女兒。可以想像，這種大忙人只需跟着生活走已經很精彩。但有一天她決定拋棄工作，讀哲學家、小說家和正向心理學家的作品，找尋快樂的奧秘。快樂實在是現代人的咒語。

3 「我很快樂，但人生沒有意義。」這說話是否可以理解？一些人會說，沒有意義的人生也不算是真正好的人生。這樣說，當然也否定了快樂是好的人生唯一重要元素的說法。小說家阿道斯 · 赫胥黎 (Aldous Huxley) 在其反烏托邦小說《**美麗新世界**》(*Brave New World*) 就描劃了一個為了穩定、只給大眾快樂的「好」社會。這種社會不會讓人們詢問人生的意義。所以，莎士比亞的戲劇都是禁書，而書名 "Brave New World" 正是出自莎翁名劇《**暴風雨**》(*The Tempest*)。

It is better to be a human being dissatisfied than a pig satisfied; better to be Socrates dissatisfied than a fool satisfied. And if the fool, or the pig, are of a different opinion, it is because they only know their own side of the question. The other party to the comparison knows both sides.

J. S. Mill, Utilitarianism

大學

很好玩的？

幾乎所有中學生都有升讀大學的目標。如果有學生認定自己不能升讀大學，整個中學的學習邏輯就會崩潰。老師難以推動你去做 past paper，你也提不起勁日夜讀書。始終，沒有獎品的比賽是沒有意義的，何況這個遊戲也真的不算好玩，很快放棄是理所當然。

這種想法當然觸及兩個很重要的問題：首先，大學教育是否很有價值，值得我們不惜一切，或付出甚多去「奪取」入場券（當然，一定有人說自己輕輕鬆鬆也能進大學）；另一個問題是，中學和小學生涯是否沒有價值？

大學的價值

大學有甚麼價值？變成「金毛」的師兄師姐沒有跟你說過嗎？那是身份的象徵，可以幫人補習的重要「資歷」。走堂、在堂上打機、拍拖食 tea、去做交流生，則是叫凡人嚮往的生活方式。

就是這樣簡單嗎？

記得初進大學的迎新講座，教授說我們會在大學認識到今生最好的朋友，又叫我們珍惜「陌生不穩」之感。對於初進大學還滿懷熱情相約中學同學在大學飯堂「飯聚」的我來說，實在不是味兒。你竟這樣否定我的七年中學生涯和純真友誼？

後來，我明白了。中學同學是因緣而認識，因班而相會，大家積累了感情，但未必志同道合。在大學，人們沒有固定的位置，四處遊走，很自由。你可以跟其他學系的人討論、交往，也可以跟自己學系的人討論學術（或者鬧交）。你選擇你的路，但也有人跟你選擇相同的路。一起走的感覺，很好。中學是大家被迫走相同的路，有點擠，但旅程上有伴還是令人開心的。大學則是各走各路，人很少，但朋友如空谷足音，更顯珍貴。

當成為習慣

然而，當我們慢慢回到大學生活的法則，我們便不再探索了：都係咁啦。生活不再陌生，然後在宿舍「頹」，抄了一些功課，亂寫幾篇論文——又畢業了。好像仍是有一條人人都走的路，沒甚麼精彩。就連自己都開始質疑，當初為何要放棄生活，不參加任何課外活動，不做運動，只為入大學苦讀，但現在卻是在「頹」。

有些人則在大學找到他們人生最美好的經驗：在圖書館胡亂借 30 本書，到處 sit 堂（旁聽），滿足求知慾。晚上跟朋友在校園天南地北，說自己的理想也談自己的懷疑。在課室和教授討論得不亦樂乎，然後課後迫教授繼續談。在某通識課認識了一個女生，然後一起看戲。

跟莊友為了一次出版而通宵達旦，早上大家飲早茶慶功⋯⋯在大學就是容許我們做很天真、很傻的事。但你或會看到不少人都很功利，只是想用最少心機、最少時間拿張可以幫助就業的畢業證書。

路是人行出來的嗎？

中學的價值

說回中學，我們的學習太注重考試，太注重升學，只能着重所謂學習成效，或者施展過甚麼教學手段。中學好像只是為了進大學的一個過渡時期。一些內在於教育、無分大中小學的特質和內涵，常常被人忽略。例如與學生好好溝通、雙向地交流對一件事的看法，似乎是種奢侈。但在美國哲學家和教育家杜威 (John Dewey) 眼中，教育的真實發生，就是透過跟別人溝通、交流，來擴闊自己的生活經驗。在民主社會，也會對這種交流和擴闊設最少的障礙。中學就是個小社會。在社會生活就是目的，不是嗎？與其常常說將來進入社會就會怎樣怎樣，為何不把中小學視為社會的一部分？

教育的意義總是向着未來，總是一種付出，總是超越自身的關注。教的，其實同樣在學習。因為教的人，本身處在社會這個學習場所。按杜威的想法，民主社會本身就是一個學習場所，向他人學習，在社會學習，

同時也開放自己成為他人學習的資源。可惜的是，我們師生每天都處於派功課、做功課和追功課的循環中，把這些意義都掩蓋了。大學中學化了，中學則變成拿大學入場券的地方，一切所作所為活像是一個人為了整容而先損害自己的容貌，但最後仍是一模一樣。這不是很奇怪嗎？

延伸閱讀

1 我以為，香港中文大學哲學系教授鄭宗義的〈珍惜陌生不穩之感〉是大學生必讀的一篇文章。一個人不只應珍惜初進大學那「陌生不穩之感」，更應展至人生：「正面的講，即好好珍惜那分初進大學時的陌生不穩之感。其實要明白陌生不穩之感即使人勇於探索的道理並不困難，凡有過戀愛經驗的人只需回憶一下戀情開始發芽時那分心情即庶幾近之矣。」(http://cusp.hk/?p=3529)

2 樊善標教授的〈巡迴的馬戲團〉，借大學的 O'Camp 描劃了大學生活那種情懷：「經過了註冊、選課、語文和體能測驗諸般煩瑣的手續，夢想了許多年的大學生活仍未能開始，還有一個五日四夜的迎新輔導營，實在太累了。我的中學每年只有很少的幾個人考上大學，關於大學的一切，並沒有誰可以詢問，提着行李抵達校園報到時，我不能想像怎能跟一羣陌生人朝夕相對好幾天，也不知道要做些甚麼事情。」大學生活，對於一些人是重複，但也是一些人的分水嶺，情懷不同了。(http://cusp.hk/?p=5)

3 進步教育 (Progressivism) 的代表人物杜威 (John Dewey) 著有一本小書《經驗與教育》(*Experience and Education*)。在書中他提出了一個重要的觀點：學習是社會性的互動過程，我們不能只看重教學內容，也要重視學習者的動機和興趣，回應變遷中的社會的不同問題。每個學習者都身處社會不同角落，因此我們也要珍視不同來源的經驗。不論中大小學，學校都是一個交換經驗的好地方。

大學之為「象牙塔」或「服務站」顯然是
兩個不幸的極端。大學自然不能遺世獨立、
孤芳自賞，但與社會若能保持一距離，而非隔
離，則更能產生一種客觀冷靜的觀照心態，
更能有利於純淨的學術研究、真理的探索。
從大學的本質與長遠的發展看，大學（特別是
通過教師）雖然應該以其專有的知識來服務社
會，以解決或疏導當前的問題，但它不能太過
重視「當前」的問題，或有急功近利的做法。
大學為社會之一分子，它與社會間心理上的高
門危牆應該拆除，但它必不可在「當前」與「實
際的」問題之壓力下，放棄或影響到它探求真
理，造育人才的「長遠」而「根本」的使命。

　　　　　　　　　金耀基，《大學之理念》

未來

不是活在當下嗎？

當下是甚麼？我感覺到寒冰徹骨的冷氣，我坐在一張蠻舒適的椅子上，略帶乾澀的眼睛望着閃閃發光的電腦屏幕，耳朵聽到關門聲和冷氣機的雜音，我的手指不斷在鍵盤上揮動——這就是我的當下。

當下轉眼變成過去，未來則又成了當下，這叫做時間之流。時間像一支一直向前的箭，看不見這支箭？時鐘很客觀地展示這個事實。然而，時鐘的客觀並不能掌握我的主觀。在我快樂時，這支箭跑得特別快。在上某位老師的課時，這支箭倒像是遇到極大的 air resistance，慢起來，甚至停在空中。

我有回憶，所以即使我身處 2019 年 6 月 6 日，我仍可以想起幾十年前的事。我可以為過去的事情影響我當下的情緒。我想起過世的親人，想起曾經是戀人的某君，還有那件令人沮喪和慚愧的事。我現在明明吃着美味的雪糕，但眼淚竟然可以掉下來。

我也有想像力，可以想像十年後的自己變成怎樣：香港的樓價 20 年後再闖高峰，我的頭髮變成了金色，維多利亞港被填平，電車公司收購了港鐵公司……甚至，我可以想像自己和世界都毀滅了。

因為擁有記憶和想像力，人就成了一種「時間性」的動物。

哲學家馬丁·海德格（Martin Heidegger）曾說，

我們要將過去、現在和未來三者連在一起，才能真實地做一個人。若我們沉醉於過去，不能享受現在，也不會規劃未來。但如果只關注現在，你忘了今天的你如何形成，也未必能好好規劃前路。你只想未來，過去的事實和當下的真實或許都被你抹殺了。所以，我們要好好發揮我們作為時間性動物的特點。

沒有未來？

然而，這時代我們沒有過去，也沒有現在，只有一個消費的未來：聖誕去日本玩。當然，有這種看法是因為一些人對未來絕望，才會有「今朝有酒今朝醉」的心態。這當然離不開社會環境和氣氛。但我仍然建議大家多看看我們的過去。認識過去，就會看到未來該如何籌謀，看到人類的一些犯錯傾向，以及人類解決問題的方法。或許，未來就變得更能掌握。

青年人對各種議題都容易有一種末世心態。由全球暖化到各種社會政策，好像要麼只有認命，要麼只求最終一戰。否定末世心態，不是否認問題的嚴重性，或者只有幼稚的樂觀。其實，末日思維反而令各種行動變得只爭朝夕，忽視了長期努力才是出現突破的關鍵。

老師或者長輩則切忌說自己年事已高，要將重任交給青年人，因為這只會令青年人感到孤單，令他們認

為只有自己獨個兒迎接未來的爛攤子。事實是，所有問題都有其歷史，每個時代都有其難題——但不同世代的人應要一起走下去。世代之爭，其實是一個彼此時間感不同的問題：長輩愛美化自己的過去，青年人則看不到未來。

活在當下有意思嗎？

既然說過去、現在和未來該連在一起，為甚麼在這世代仍要鼓勵「活在當下」呢？

「活在當下」其實是針對我們回憶和想像力過度活躍的問題。佛家思想集中在控制人的心。我們坐下來，即使控制到自己的身體動作（也很難不狂掃電話屏幕吧！），也難以控制自己的心理活動：思念、憤怒、慾求、悲哀、狂妄各種不當情緒因此而起。六祖慧能曾說：「不是風動，不是幡動，仁者心動。」

要心如止水真的不容易。有時是因為外在環境改變，「自覺心境已有如明鏡／為何為天降的稀客／泛過一點浪花」。有時外面沒任何風吹草動，但一個人的出現，或已令你心如鹿撞。

能靜靜地獨自一個人吃一餐飯，集中吃每一粒飯，絕對是工夫，這真是埋首於當下，「忘掉天地，想不起自己」。現在頗流行的正向心理學（Positive

Psychology）所說的「心流」（flow），是指你投入那些你忘記了自己的時間。你做自己擅長的事，並讓生命按着自己的才能去發展。你全情投入做一件事時，時間彷彿停頓了，自我意識不見了，有試過嗎？你全情投入畫一幅畫，忘了身處何時何地，進入忘我境界。這種時光，就是快樂之源。

今天，我們做甚麼事都會拿着手機看看，或者看手機時又同時聽歌，心流經驗可說是稀有。研究顯示，有10%-15%的美國和歐洲人說他們從未體驗過心流。如果你的主要活動只是看電視、hea、multi-tasking，想感受心流？難矣。

這時代我們追求的「活在當下」，不過是透過吃喝玩樂來麻醉自己，忘記自己各種煩惱和不快。一方面，這只是靠外力，而不是靠心力；而且，我們沒有對治煩惱的根源，心病還須心藥醫，再多的酒精和狂歌，只不過是轉移視線。不如和自己做朋友，聽聽自己的內心話。能控制心，人就強大了。

延伸閱讀

1 正向心理學關注人生的三個面向：愉悅（pleasurable life）、投入（engaged life）和意義（meaningful life）。該學說指出，令人快樂的最重要向度，並不是愉悅，而是投入和意義。正向心理學是米哈里·契克森米哈賴（Mihaly Csikszentmihalyi）和馬丁·塞利格曼（Martin Seligman）在 1997 年一次假期閒聊中「誕生」的。又有說其實是塞利格曼在其玫瑰園裏「得道」：她女兒五歲時，在玫瑰園想得到父親的注意，但這個父親卻對女兒兇巴巴。女兒當然不高興，問爸爸：「你記得我三、四歲時常發牢騷嗎？當我五歲時，我決定停止。我都可以不發牢騷，你也可以！」塞利格曼遂對心理學只注重負面和病態的研究作出反思。讀者如對正向心理學有興趣，可參考 *Flow and the Foundations of Positive Psychology: The Collected Works of Mihaly Csikszentmihalyi* 一書。

2 德國哲學家馬丁·海德格（Martin Heidegger）的《存在與時間》（*Being and Time*）是 20 世紀最重要的哲學著作之一，它影響了詮釋學、現象學和存在主義的發展。海德格把作為人的存在跟時間性相連，是時間了人的可能性。

3 維吉尼亞·伍爾芙（Virginia Woolf）是 20 世紀著名意識流作家。其小說《達洛維夫人》（*Mrs. Dalloway*）將現代人的時間觀，透過描劃達洛維夫人預備上流社會派對的一天揭示出來。也可以說，現代人的時間觀比過去的人複雜得多。現代人能透過電影、文獻、照片跨越時間樊籬，但過去的人則只能困在緩慢的當下。

過去心不可得，現在心不可得，未來心
不可得。

《金剛經》

女神

我是凡人怎麼辦？

不知從何時開始，我們喜歡給人（也給自己？）貼上「男神」、「女神」這些稱號。應用範圍十分廣泛，例如「IG 男神」、「通識女神」，任何範疇皆可封神。看來，我們不只想做神，還有封神的嗜好。

　　中國人沒有全知全能的神。我們更愛把人看作神。孔子明明是人，甚至說過「未知生，焉知死」、「子不語怪力亂神」、「敬鬼神而遠之」等理性話語，但後人總愛穿鑿附會，竟說孔子是水精子轉世。《太平廣記》說：

> 　　周靈王二十一年，孔子生魯襄之代。夜有二神女，擎香露。沐浴徵在。天帝下奏鈞天樂，空中有言曰：「天感生聖子，故降以和樂。」有五老。列徵在之庭中。五老者。蓋五星精也。夫子未生之前，麟吐玉書於闕里人家，文云：「水精子，繼衰周為素王。」

　　孔子不是王，但還被封為「素王」，即有王者的道德而無王者的權位。但為何有這權位，仍好像不能只用道德高尚來解釋，而要訴諸神怪。似乎有些人對孔子的信心不足，仍要借助外力。

　　中國的神不像希臘的神。希臘的神像人一樣有七情六慾，會妒忌，會貪婪。好像宙斯（Zeus）是眾神之王，

卻脾氣暴躁，且十分好色，常常背着妻子赫拉（Hera）拈花惹草。赫拉也不是省油的燈，對於丈夫不忠，經常展開大報復。她令宙斯的私生子海格力斯（Hercules）患上精神病，迫令宙斯其中一位情人泰坦女神勒托（Leto）在懷孕期間四處流浪。勒托也是太陽神阿波羅（Apollo）和處女神阿緹蜜絲（Artemis）的母親。

可見，希臘的神除了有特殊力量，也沒甚麼可敬的。但我們中國人封神、封王的特點，重點在封，是高舉他們，讓我們得以仰望。而歷史上，香港也曾出現「四大天王」，他們分別姓劉張黎郭。他們成為王，是因為粉絲的力量，也因為娛樂版記者的妙筆。

神話合法化不平等

如果你有看過《封神榜》、《水滸傳》，就會看到很多是人但又似神的人物。像梁山泊頭目宋江，在人的層面是呼保義、及時雨，在神的層面則是天魁星，在職業層面當然是賊。宋江武藝不高，又不是文采飛揚，但天魁星的身份令他的「管治」合法性提高了不少。不在108 行列的人物，對不起，你不會是主角，你只是供這108 人殺害的角色，梁山早期領導人「白衣秀士」王倫就被林沖殺死。這並不叫奪權，而是「替天行道」，況且王倫還嫉賢妒能呢。所以根據是神還是人的邏輯，我們

就會期望他們的故事不一樣。我們是用神話來製造並合法化不平等。

今天，我們成為神的條件可以是薪金、財富、腹肌、事業、學歷、年齡、興趣。總之你要膜拜。究竟六架車吸引還是六塊腹肌吸引，我不知道，或者，最好兩樣都有吧。香港小姐有望做女神、IG 多 like 有望做女神，有六塊「朱古力」腹肌有條件做男神、拿兩個博士學位（最好在 40 歲前做到）都可以參與男神遊戲。這是利用人與人之間的不平等來進行神化。

封神的危險性

我猜做男神、女神都會有點開心（即我未做過）。但做不到呢？是否代表一無是處，只配做嘍囉？做到男神、女神是否又會被一些無形框架綑綁？鄭欣宜的歌曲《女神》這樣寫道：「標準的審美觀跟你碰撞／控訴你未符俗世眼光／你既自然閃亮沒有說謊／為甚麼需要世人饒恕／自信迫降」。參加選美，你是為了那個稱號，但你會忘了「這選美是個很小的舞台／你滿載大愛」。當封神、造神活動和選美遊戲無處不在，大家便只能從眾（conform）。你忘了更大的自己，包括愛他人。耶穌大愛，就是不看社會階級，所有人包括稅吏、妓女、乞丐都可以和他一起吃飯。這可見平等的精神。神來到是為

了消滅不平等。

封神好玩，或許能為我們平庸的生活增添色彩，但玩得太過份，絕對會令我們有神經病。讀書劬又勤力進大學「不神」，從不溫習但仍入「神科」才是神呀。於是，所有人都不敢說自己有讀書，要扮沒有讀書，因為讀書成功得不到任何喝采和欣賞，反而有機會被一眾「口痕友」嘲笑讀了書都進不到大學。我做不到神，也不想被人踩進地底。這就是封神、封聖未必可見的壓力。

如果我們期望有一個平等社會，最佳的做法不是作花名或者封號，而是 Mister 或者 Miss。你有給人稱作「先生」或者「小姐」嗎？這代表你是在社會被平等對待的一分子，不再是在人生預備階段的年青人──這應該是你最期待的事。無論你是律師或者清潔工，老師還是建築師，一律以「先生」、「女士」稱呼，尊重而不需妄求尊敬。名字會改變我們理解他人的方式，而「先生」、「女士」的稱謂則是對平等社會的肯定。這個稱謂會比起個人追求「教授」、「博士」、「太平紳士」等名銜，更值得鼓吹嗎？不過，在我們的日常經驗裏，總是對帶着這些名銜的人充滿敬畏，也按捺不住別人期望這樣稱呼自己。真能做到不卑不亢，的確要修煉一下。

延伸閱讀

1 梁漱溟在《**中國文化要義**》裏指出，中國人並不着重超越的宗教，而着重理性自主的道德。這樣會使中國文化看重內心，而忽略了外在的制度，他批判中國文化太早熟了。然而在民間，鬼神之說卻極之流行，可見通俗文化跟高雅文化大有差異。知識分子想做個道德人，普羅大眾卻祈望有神或聖可參拜。

2 《**波普啟示錄：安迪・沃霍爾的哲學**》（*The Philosophy of Andy Warhol*）述說了波普時代的精神，波普藝術將大眾化物品變成藝術，將高雅和通俗扯平。在這時代人人也有機會成為名人，只不過人成為「神」的過程和結束都極其短促，可能只有 15 分鐘吧。在網絡時代，的確是這星期已忘了上星期的網絡紅人。

3 研究古典文學的伊迪絲・漢彌爾敦（Edith Hamilton）著有《**希臘羅馬神話：永恆的諸神、英雄、愛情與冒險故事**》（*Mythology: Timeless Tales of Gods and Heroes*），是一本神話故事入門書。我們透過這本書，可以找回普羅米修斯盜火、潘朵拉盒子的文學源頭，也明白希臘的神多愛冒險，祂們都胡作非為，而非要討好大眾。

Communism begins where atheism
begins.

Karl Marx

創意

這東西不屬於我們？

想像力常常被歸為藝術系或藝術家的任務。我們樂於做個沒有創意的人，因為我們不是藝術家——這理由也真的沒甚麼創意。我曾參與講授創意思考（creative thinking）的課程，未能證實學生沒有創意，反倒確定了學生都認定自己沒有創意，或覺得創意不關自己的事。但原來是否有創意，很大程度上是心態問題。

　　不過，如果了解創意的法則，或會驚訝我們其實無時無刻都能發揮創意也在發揮創意。方法十分簡單，要麼是加，要麼是減。替船加一雙翼就變成了飛船，鐘沒有了分針就成了名副其實的時鐘。早放一小時和加班一小時，也很有創意——為何一定要把事情弄死？靈活一點不好嗎？

　　美國心理學家羅伯特‧艾伯爾（Robert F. Eberle）創作了奔馳法（SCAMPER）。這個檢核表主要藉着幾個英文字縮寫，代表七種改進或改變的方向，能激發創意。S（substitute）是替代、C（combine）是合併、A（adapt）是調適、M（modify）是修改、P（put to other uses）是其他用途、E（eliminate）是消除、R（rearrange）是重排。試想想，如果給你一張椅子，你會怎樣利用以上原則，創作一件新的產品？

　　將椅子跟電話合併，行嗎？椅子還可以當成桌子用，可以嗎？

現在的經濟生產活動最講求創意，因為創意才能提升產品的價值。未來的社會需要創造力，原因是創造力能賣錢。一條沒甚設計的手帕能賣多少錢？但如果加上香港風味，或者附上其他用途（如政治表態或求愛之用），就能升值至少幾倍。

為何沒創意？

講錢失感情，也不是說產品製作才講求創意。創意其實存在於我們小時候無時無刻的玩耍中，無需上課，只要實踐，這是與生俱來的能力。給小孩一張白紙，他們會認為是上佳的玩具，在上面塗塗寫寫。但給中學生一張白紙，他們卻耍手擰頭，寧願要一張填答案的工作紙，或者密密麻麻的筆記。愈簡單的設置，愈有空間，愈能發揮創意。有沒有去過石硤尾南山邨玩那幾個鐵架？雖然設計如此簡單，卻可以有無窮玩法，還有無限的拍攝機會。

為甚麼我們不敢運用創意？我們害怕甚麼？害怕失敗？害怕被批評？我們更害怕要主動，要負責任。要創作，我們就要自己找方向，自己全權負責工作。這真不如按章工作、執行命令般簡單。

創意的社會，用創意想社會

　　沒有創意的社會會是怎樣的？就是沒有改變。下一代只聽上一代的話，讀書結婚買樓生仔，社會只是一潭死水。但家長有時都很貪心，又要子女循規蹈矩，又要他們有豐富想像力。但最大的創意也許不在於做勞作、玩 iPad，而是對生活的觀察。我們路過街邊的垃圾桶，誰會去想想煙頭應怎樣清理？藝術家說這不是他的工作，普通人說自己沒有創意。但的的確確，香港藝術家程展緯就曾着眼於垃圾桶的設計。他看到有清潔工將一個錫紙兜放到垃圾桶頂的煙灰缸上，方便傾倒煙蒂時不用將整個垃圾桶倒轉。這是小幫忙，卻是大改善。你知道清潔工要倒轉一個垃圾桶有多困難嗎？創意可以化為關心。

思想的實驗

　　生活的每一個範疇其實都需要創意。我們會較易理解想像力在文學、藝術等學科上的重要性。但政治呢？有沒有想像力的份兒？政治哲學家約翰・羅爾斯（John Rawls）將無知之幕（veil of ignorance）這個思想實驗（thought experiment）發揚光大。無知之幕是一種哲學想像，我們想像未進入社會前，大家都是平等的，為了得到合作的好處，大家準備進入社會，於是立約。然

而，如果我們要成功立約，訂立一條對社會上所有人的約並不容易。因為我們常被自身的利益迷惑，或者被自己特定的價值觀阻撓，難以和其他人建立共識。所謂的「共識」，也可能只是因着權力關係出現的權宜之計。

羅爾斯提出，我們可以想像所有人都被放在無知之幕背後，那樣我們就不會知道個人的口味、利益和能力，而只會去想一些對社會上不同人士都能接受的社會建構原則。由此得出了兩條公義原則。我姑且不說兩條原則是甚麼，有趣的反而是它們背後的精神。「現實」裏，我們總是擺脫不了以身份政治或者持份者角度去談公義，其實只是不願去找一個較不偏私的角度去想問題。如果我們在所有國家成立之前，有這個無知之幕，又會得出甚麼結論？

在看似冷冰冰的政治理論背後，其實往往有約翰・連儂（John Lennon）的歌詞那種想像力的激情："Imagine no possessions / Imagine all the people sharing all the world"。沒有宗教、沒有民族主義、沒有私有產權的世界會是怎樣的？想像！想像！無聊的時間，就是想像力旺盛的時間。不要把自己填滿，也不要讓現實填滿你。保留一點「無」，你會看到其他可能性。

延伸閱讀

1 大衛‧凱利（David Kelley）是知名設計公司 IDEO 的創辦人。他和弟弟湯姆‧凱利（Tom Kelley）的《**創意自信帶來力量**》（*Creative Confidence: Unleashing the Creative Potential Within Us All*）指出，發揮創造力的最大障礙是我們擔心被評價，擔心被判定為失敗。若能克服這個心理障礙，每個人都可發揮創意！創意是自我效能感，一種認為自己可以改變世界的能力。

2 研究遊戲的史都特‧布朗（Stuart Brown）的作品《**天生玩家**》（*Play: How It Shapes the Brain, Opens the Imagination, and Invigorates*）探討遊戲跟創意和智能的關係。遊戲能激發我們的創意，因為我們在遊戲中會遇到未能預計的問題，迫使我們尋找新的方法和答案。但因為是遊戲，我們會以一種樂觀的心情面對。這本書嘗試證明遊戲的價值，但我們在學校是否聽得太多「不要玩，要做功課」的論調？問題只在於如何玩和玩甚麼，而不是不玩。

3 社會學家賴特‧米爾斯（C. Wright Mills）的《**社會學的想像力**》（*The Sociological Imagination*）提醒我們可以脫離日常生活，並以一種新的觀點認識自己的生活。社會學的想像力讓我們明白個人經驗如何跟歷史和社會環境緊扣。想像力的重要性，正正讓我們能脫離既定觀點。每個認真的學科其實都有此追求。

三十輻，共一轂，當其無，有車之用。
埏埴以為器，當其無，有器之用。

　　　　　　　　　老子

政治

我才不理這些骯髒的東西！

自幼我就被教導政治是骯髒的。這是權與利的世界，而爭權和奪利是小人所為。就算是謙謙君子，也會因為參與政治而變成小人。孔子被稱頌是因為他的教育事業而非從政。他又說：「君子不黨」，所以任何聚集在一起謀利益（特別是政治利益）的人都不會是好人。

　　但同時我又被告知「政治乃眾人之事」。如果眾人之事是骯髒的，我們不應接觸，那麼最好的人必然是退至只關心家庭、朋友，除此以外其他事情漠不關心，如此才足以作為好人的典範。

　　「我不懂政治」、「我討厭政治」成了最好的護身符。

政治無處不在

　　然而，你的家人會不受「眾人之事」影響嗎？比如你關心祖父母的健康，但公共醫療資源不足，以致他們診症無期。又比如你關心你朋友的前途，但他們因社會貪瀆嚴重而有志難伸。這豈是你個人財力、能力和一句安慰話可以解決得到嗎？我們會發現，各種問題也依附着社會制度或政治安排。也許，政治問題不易理解，不好處理，但將頭埋在沙堆中，恐怕只會讓事情惡化。

　　你或會說，我參與又有甚麼用？我力量微弱，我知識不多。你也許太看輕自己。你不亂拋垃圾，已能令社區有更優美的環境。你不在中午外出吃飯時橫衝直撞，

已能令學校附近的社區蒙福。你不敢參與，只是你認為自己沒有能力推動甚麼。你也許不敢高估自己，但也可能太看輕自己。你仰賴那些能一呼百應的領袖，於是你願意跪下，放棄你的思考和勇氣，在社會隨波逐流。我相信讀者和我確是普通的好人，沒有權力做大決策，但如果因此就把「普通人」定義為跟大隊的人，那就太危險，也太浪費了——我們在自身範圍也有不少影響力，反而跟大隊有可能一同跌進深淵。

沒有能力推動，沒有能力當領袖，不代表不能做一個輔助者，或者好的追隨者（不是指跟大隊）。我們常說「知行合一」，其實是極高深的境界。明代理學家王陽明說：「知是行之始，行是知之成。」甚麼都不知，甚麼都不理，就不會有行動。但不行動，也只是停留在抽象的知之上。知與行是判斷我們行為的兩個面向。你知得愈多，你的心量愈闊，你就愈有行動的可能。但這只是一個方面，要成事，你還要有對人的關懷，對正義的執着，並有充足的勇氣。

由個人到社會，由社會到個人

由本土、國家到世界公民，當中一脈相承的，大概是我們跟其他人都互相聯繫，互相依賴。如果我們對和我們聯繫的人漠不關心，恐怕有助紂為虐之嫌。比如一

部手提電話正是由遠方無數的工人分工製造而成，供我享用。假設當中有工資剝削，甚至僱用童工，我拿着這部電話快活時，是否把自己的快樂建築在別人的痛苦身上？如果我們能多走一步，選擇保障勞工權益的電話生產商，能否給予有關人士一些壓力，令情況得以改善？

除了知與行的關係，我們更要思考個人跟社會是怎樣的一種關係。究竟每個人是獨立的個體，還是社會一個可有可無的部分？社會是供我們追名逐利的地方，還是讓我們找到價值和意義的領域？羣性與個性如何取得平衡？

如果看過由馬田・史高西斯（Martin Scorsese）導演的電影《沉默》（*Silence*），就知道其實每個人都在世界之中，有時軟弱，有時堅強，但到底在其死亡時可以選擇緊守甚麼信念？可以是一個小小的十字架，也可以是我城所謂的核心價值。但出路可能不囿於政治，而是尋找宗教哲學文學；不把問題看成片段，而是放在更長的歷史大河之中；不離開每個活着的人，心中永遠有一個你屬於他、他屬於你的社羣。政治其實可以到達你的內心深處。

政治教育是價值教育

在香港這片土地，由政治冷感到廣泛的政治參與，

不少人仍未能適應。他們會覺得這是非理性羣眾運動，覺得年輕人談政治是將複雜、污穢不堪的東西擺在他們的康莊大道之前。他們甚至覺得他們定必受人操弄、愚弄，成為政客的棋子，或受政治灌輸。於是提出「政治歸政治，教育歸教育」。

這看法其實是鴕鳥政策，將教育的真義抹掉。我曾聽到一個學生說，香港核心價值受衝擊時應採取「隻眼開隻眼閉」的態度，在這種情況下，我們難道真的又是「政治歸政治，教育歸教育」嗎？難道我們說他這樣做是對的，是識時務者的俊傑嗎？不是的，教育就是要學生改變這種態度，而不是客觀中立，甚麼也不予置評。有價值持守的老師，會肯定政治理想需要堅守和爭取。我們對於有價值的東西要有一份堅持。這就表示老師不可能中立，也不應該中立。老師要堅守價值，所以我在課堂結束前，會說：「我對你的看法不予苟同，但尊重你的言論」。

可見，政治教育得以發生，本身就要有一定的價值持守。如果老師不尊重言論自由，不尊重個體，學生根本不用作小組報告或回應，老師「一言堂」即可。如果老師不是進行教育，他／她大可讓各種言論隨意在課堂出現，管它是反智還是歧視的言論。如果老師不是進行教育，那麼他／她也大可作政治灌輸，用行政手段或施

壓，迫使學生至少在言論或行動上接受某種觀點。這也不是我們所能接受的，顯然和我們如何看教育有關。如何看教育，也是價值持守和塑造的行為。

公民教育要我們改造世界，還是作為複製現況的工具？政治大概有這兩種可能性：它可能極壓迫，也可能令我們極自由。不過，它不是一塊鐵板，有怎樣政治觀的人參與政治，就有怎樣的政治。我們是政治素養培訓太少，而不是太多！

延伸閱讀

1　政治哲學學者艾米·古特曼（Amy Gutmann）在《**民主的教育**》（*Democratic Education*）一書探討了社會再複製（social reproduction）和有意識的社會複製（conscious social reproduction）兩個概念。前者是指教育只是將社會階級鞏固重製，下一代無法逃離上一代處身的階級。後者則是培養社會成員有能力參與和創造彼此共享的社會，而政治參與的能力和參與政治正與此密切相關。我們也可以將參與政治事務、理解政治事件的能力稱為政治素養（political literacy）。有政治素養的人，應能明白重要的政治概念，包括民主、正義、法治、權利和義務等內容。他們知道政治制度如何運作，知道其缺陷和優點——但並不止於此。他們願意用自己的智慧和心力，讓這些制度變得更好，因為他們有政治理想，而不只把政治視為私利場、鬥獸場。他們會關注自己的社羣，情智兼備。

2　我跟葉家威博士合著了一本介紹全球正義的普及書籍——《**全球正義與普世價值**》，而全球正義也是我和葉博士的博士論文題目。我們都知道全球化的浪潮無遠弗屆，影響了我們生活的每一方面，但近年排外民粹在歐美崛起，令我們懷疑有否超越國界的正義原則，以建立一個更公平的世界。但是，在我們日常生活裏卻無可避免地面對一系列的「全球問題」：我們在消費時有否想到生產者的勞動條件？富裕國家的人對他國的窮人有甚麼道德責任？應付氣候變化的責任應該由誰承擔？這些問題是倫理學問題，但也是政治問題。

3　若覺得以上的書籍太沉重，不妨看看謝爾·希爾弗斯坦（Shel Silverstein）的《**愛心樹**》（*The Giving Tree*），這本美國最具影響力的經典繪本當然不會被歸類為政治書籍。但我們可透過一個關於付出與提取的感動人心的故事，明白每一代對下一代的關係，當中都有愛，有犧牲。最終年華老去，風燭殘年，最大的得着就是看到下一代的成長和在當中滋長的意義。教育就是這麼一回事。

Man is by nature a social animal; an individual who is unsocial naturally and not accidentally is either beneath our notice or more than human. Society is something that precedes the individual. Anyone who either cannot lead the common life or is so self-sufficient as not to need to, and therefore does not partake of society, is either a beast or a god.

Aristotle, Politics

父母

我真的需要湯水嗎？

日本漫畫《櫻桃小丸子》的主角小丸子經常投訴自己的「基因」不好。這樣說其實是向父母投訴。雖然小丸子也很喜歡和父母一起過簡單愉快的生活，但她的投訴往往是出於外在的比較，人家外表比自己好，比自己有錢。現在大家都愛說「成功靠父幹」，不投訴父母還可以投訴誰呢？

父母決定了我們的起點，但始終路是我們走出來的。但更應細味的是，如果所有人的起點都一樣，一樣的美，一樣的聰明，一樣的性格，那我們還有差異嗎？父母其實是塑造「我」的。像為一篇文章起一個大綱，我們當然可以推翻，但不能全盤否定。我們也可按着大綱慢慢發展。

中國人的孝很講求「返本」——找回我們的本原。父母不但是我們生命之源，也往往是我們人生的本源。很浪漫的說，你的童年藏在父母的心中。我們沒有嬰孩時期的記憶，怎樣學走路，怎樣學講話，但父母卻一清二楚。

父母與自由

父母的權力很大，他們可以按着自己的喜好、價值觀去塑造我們。女兒曾投訴為何我給她們冠以「書」這個名字，因為她們並不喜歡書（雖然她們現在也常常看

書），你說作為愛書人的父親多傷心。但父母也會靠子女完成自己未了的心願，例如自己沒有好好讀書（但卻賺到很多錢——不是說我），就要求子女多讀書。或者自己小時候沒有學音樂，就推自己的子女學鋼琴。這樣做不可說全是錯。但當青年人成長，自主性會愈來愈高，我們卻不但追求好，更追求是我選擇的好，「選擇」就成了頭號重要的詞語。家長或會質疑選擇錯了怎麼辦？子女的答案是：我有權選擇錯，因為這是我的人生。

我有權——這就是長大了。但用權利做對的事，才是成熟吧。

無論如何，家長重視好，青年重視自主，這就形成無數的衝突，冷戰和眼淚就由此而起。你有多久沒跟父母談話？你的父母正在等待你，你的子女也正在等待你。

積極自由的危險

家庭其實也離不開政治。著名的自由主義者和政治哲學家以賽亞・伯林（Isaiah Berlin）在〈自由的兩個概念〉（Two Concepts of Liberty）一文中就指出，真我和假我之分，是極權政府常用之武器。他們會義正辭嚴地告訴你，停留在慾望滿足的只是假我。為了讓你得到真我實現，政府有道德理由「強迫」你做一些事，此謂之積極自由（positive liberty）。所以，不准你飲酒、吸毒、

看色情電影，全是為了你好！不是，是為了你的「積極自由」。自由最後用來證立強制——這就是積極自由的弔詭之處。

伯林指出，我們更應爭取的是那種不阻止、不限制你的自由，即消極自由（negative liberty）。他說：「我漠視所有人和社會聲稱為了真我而去欺凌、打壓和虐待。」不過，不少人卻指出，自由主義會導致人的墮落。人們陷於自己的慾望中，但自由主義者卻不能批評他們，不能改正他們。正如一個人整天只對着手機玩遊戲，你不能批評他，不能說甚麼——因為這是他的自由。

自由雖然是美好人生的必要條件，卻不是充分條件。意思是沒有自由，一定沒有美好的人生。即使沒有「自由地」擁有學識、健康和朋友，即使它們何其美好，那也不代表甚麼，因為那不是我的選擇。

但是，就算有自由，也不保證我們的人生就會好，因為我們會意志薄弱，會受傳媒唆使，會隨波逐流。不過，那不是自由有問題，是我們運用自由的能力有問題。

另外，誰能有信心說自己的「善的清單」是客觀並放諸四海皆準？就算它們真的是善，但是否就要排斥其他？好和善是否多元？你說吸毒不好我可以同意，但吃哪種菜才是最好？政府說歌劇有品味，那麼粵劇呢？如果政府擔起推廣善的重任，恐怕怎樣也會出現壓迫。一

些人會說，不如讓每個人自己來試試吧，讓人自生自長吧，這是道家所謂「不生之生」也。但始終我們都逃不過制度和權力。

家長是家庭的政府

家長是一個家庭的政府，但很少家長會有自己的政治哲學。也許成長了的人都很容易忘記每個人都會自己成長，會有自己的看法。我沒有選擇生活，我沒有要求最好，但生活和生命自然會告訴我它們的秘密。難道我的子女就沒有這種能力嗎？

父母當然有他們的責任。我們要給他充足的，包括營養、父母陪伴時間、諒解、指導、閒談、無聊和玩樂等……但其他空間可否留給他們自己掌握？正如我們也需要自己的空間，比起要實現父母心裏的「好」，我更希望子女常常保留一顆活潑的心，去感受、去認知、去反思他們的生活世界。我對她們的課業不是沒有要求，但我明知那不是全部，亦無必要為了課業而放棄作為人最重要的東西。

但是子女要學懂面對自己。我的女兒有好奇心、勤力和認真。她懂得自己讀書、畫畫和彈琴。但總會有一些時間，她甚麼都不想做，甚麼都沒有興趣，甚麼都不能令她開心。你我都曾有這種經歷吧？不想看書，不想

看戲，不想談話，甚麼都不想做。給她「最好」、「更多」又有甚麼意思？在那一刻她已經「飽了」。

我們知道中學生、小學生，甚至幼稚園學生在週日都要補習。我問女兒，我們將來星期日還會出去走走嗎？她竟說，一半玩、一半讀書吧。我明白，她已有自己的想法。她未必會遷就我的人生觀。

但我仍衷心希望她不用追求最好，不用求飽。因為這樣的追求，在過程中一定要犧牲各式各樣的好，人家也會為你的追求而受苦。我特別喜愛老子《道德經》的一句話：「上善若水」。我們無必要太過有為，太多造作。如水，容讓下一代和身邊人自由發展；如水，潤物細無聲。

留一點空白給自己，留一點空白給子女，這就是父母可給予子女的最好禮物。湯水好，但這點更重要。青年人或會說，對我們說這些有甚麼用？答案是：你們也有機會做父母嘛。

延伸閱讀

1 女哲學家讓・凱瑞（Jean Kazez）在《**哲學性的父母**》（*The Philosophical Parent: Asking the Hard Questions About Having and Raising Children*）一書，告訴我們各種心理學實驗都指出，當父母並不能帶給我們快樂。不過，由於父母－子女關係的長期性和穩定性，加上子女對父母的依賴或仰賴，卻能給予父母完美的意義感和肯定感，這肯定是人生中的重要東西。母親堅定地為子女提供湯水，也許是源於生命追求意義的一種堅持。

2 老子的《道德經》是家長應該閱讀的文本，其中一個理由是它只有 5,000 字。但更重要的是，老子提供了抵抗家式思維的思想裝備。不像孔子推舉成年人的「君子」，老子很推崇小孩子：「含德之厚，比於赤子。」初生的孩子最好，所謂赤子之心。後來孩子長大了，倒學會了成年人的虛偽。家長要學習的，或許該是孩子的單純和不造作。

3 發展心理學家艾莉森・高普尼克（Alison Gopnik）的《**園丁與木匠──頂級心理學家教你高手父母的教養觀**》（*The Gardener and the Carpenter: What the New Science of Child Development Tells Us About the Relationship Between Parents and Children*）運用演化理論和兒童發展的知識，鼓勵父母給予孩子空間並鼓勵他們探索不同的生命可能，容許他們自己犯錯。她有一個很好的比喻：父母只是園丁，只能提供適當的條件去栽種，而不能保證成品是怎樣的。父母不要把自己當成木匠，只按自己的心意損削木材。木材可會反抗的呀！

先立乎其大者，則其小者不能奪也。

孟子

無力

做廢青不好嗎？

近年社會上興起「廢青」一詞，似甚負面，但不少青年人仍不忌諱，甚至甘願自稱「廢青」。但你要當廢青，也不是說要當便當，實在要符合一些條件。據說一定要窮，不願返學、返工，只想旅行；經常慵懶，但又永遠不會早睡。這跟以前社會標榜的「傑青」要趕在 40 歲前取得社會認同的成就，可說大相徑庭。就算出於好意把「廢青」寫成「沸青」仍於事無補，因為社會變了，不是用字的問題。

社會變了

青年人怎樣界定自己，怎樣運用自己的時間和精力，當然與他身處怎樣的社會緊密相關。過去勞動力不足，小孩子也要當童工，根本沒有青年觀念（而這本書也寫不成）。如今青年人有志難伸，或者遊戲規則已被界定至他們必輸無疑，他們保護自己的最佳方法當然是「扮廢」。

有心人會說，社會仍有上流機會，我們有全民教育和公平的考試制度，青少年仍有可晉身專業人士的途徑。但我們卻不能忽視幾個現實：教育愈來愈有利富人，不利基層人士。雖然考試大體公平，然而富人的兒女可循更多不同途徑入讀優良的學府。在工作上，社會更有一種「識人好過識字」的廣泛共識。最要命的是，

如果不是所謂專業人士，薪金會差一大截。面對步步高升的樓價，一些青年人真的會感到輸在起跑線，甚至感到連競技場都未能進入。

不過，仍有些人責備買不起樓的青少年經常旅行，不懂致富之道。的確，台灣、日本已成了部分港人逃逸的地方。但我們也要找出青年人（還包括中年人和老年人呢！）要經常出走，甚至說那些地方是他們家鄉的原因。或許是由於那些地方有香港逐漸消逝的生活精緻感和被尊重感。人們可以好好地在街上走，而不是人踏人腳，處處要提防被撞倒。我們在此時此地，人像貨物般移來移去，在港鐵車廂迫得連手機都拿不出來；學習則是每天的考試操練，像機械人一樣。我們清楚知道這不是幸福。

「佛系」思想

民生無小事，那麼貧富懸殊肯定是大事：貧無立錐之地。但所謂中產也窮得只剩下錢，花幾百萬買一間「劏房」，要樂在其中絕不容易，甚至認真就輸了。於是工作得過且過就算，想升職加薪嗎？反而保存自己精神，養生養性，才是上上之策。

這種就是現時流行的「佛系」思想，即「怎麼都行、看淡一切、無欲無求」。但它的更深層哲學來源，似乎

是道家思維。道家代表人物莊子，身處極可怕的戰國時代，孟子形容為「率獸食人」。蔡元培曾說過，道家盛行「在不健全之時代，如魏、晉以降六朝之間是已」。魏、晉以降六朝之間也有其社會秩序，但道家卻抗議這種「秩序」，因為它是不健全、殘害人性，而且血淋淋的。

你要在這些可怕的時勢有所作為，大概只會扼殺自己的生命。莊子反而要我們在兩個字上做工夫：「攖寧」。這出自〈大宗師〉，拂亂而定，在混亂中，在死生中，我們仍能保持心靈的平靜。也許，有人會覺得這樣不近人情，無血性；但我細味莊子的話語，理解到這不是犬儒，不是漠不關心，而是不讓仇恨或怨憤殘害我們的本性。

成才的殘酷

廢，換句話說，即是不成才。但成才就一定是好嗎？在〈逍遙遊〉中，莊子曾跟他的好朋友惠施討論這個問題。惠施批評莊子常說一些沒有管治者會採用的大話：「我有一棵大樹，人家都叫它做樗。它的樹幹木瘤盤結而不合繩墨，它的小枝彎彎曲曲而不合規矩，生長在路上，匠人都不看它。現在你的言論，大而無用，大家都拋棄。」（陳鼓應語譯）

莊子說：「你沒有看見貓和黃鼠狼嗎？卑伏着身

子，等待出遊的小動物；東西跳躍掠奪，不避高低；往往踏進機關，死於網羅之中。再看那犛牛，龐大的身子好像天邊的雲，雖然不能捉老鼠，但它的功能可大了。現在你有這麼一棵大樹，還愁它無用，為甚麼不把它種在虛寂的鄉土，廣漠的曠野，任意地徘徊樹傍，自在地躺在樹下。不遭受斧頭砍伐，沒有東西來侵害它。無所可用，又會有甚麼禍害呢？」（陳鼓應語譯）

說大用的話和做有大用的人，都被判為「廢」。但廢只是不合社會的既定準則。合，當然有一點利，但卻不免被殘害甚至喪盡天良，或者用完即棄。這樣也許被判為「有用」，但又是否稱為「被利用」更貼切？

在某些時代，重點不在做到甚麼，而是不想做甚麼。竹林七賢放誕不羈，不知所謂，就是為了不想去做官（對，不是為了做官）。退隱山林，不是消極，而是抗議。七賢之一的嵇康，就緊守原則，寫下《與山巨源絕交書》，卻得罪了司馬政權，受刑時只能感嘆：「《廣陵散》於今絕矣！」

要做廢青做得徹底，還是會有生命危險的。不知你是否懂得這則舊聞：北海道美瑛町的哲學之木，本來也像樗一樣在無可有之鄉，然而在網絡時代卻吸引了過多遊客，為了拍照踐踏農地。最後，為了讓田地得保，哲學之木還是被砍了——道家花這麼多工夫思考養生保

命是有理由的！他們不是消極，而是知道太積極會很危險。要改變青年人的思維，倒不如改變一下社會環境。

延伸閱讀

1 山田昌弘的《社會為何對年輕人冷酷無情》用社會學的角度解釋為何年輕人被社會冷待。他指出,戰後嬰兒已屆退休年齡,政府都把注意力放在照顧他們之上。然而,青年人未工作賺錢卻已身負一堆學債,被迫進入低薪、低成就、低晉升機會的惡劣勞動環境,前途茫茫,一方面不被社會照顧,還要受社會嘲弄。

2 香港導演張經緯的《少年滋味》(*The Taste of Youth*) 是一齣讓香港年輕人發表心聲的紀錄片。令人印象特別深刻的是當中有一位努力當義工的年輕人,在外在標準是一名有心人,但其內心卻十分空虛。主流傳媒總喜歡簡化故事,但靜心傾聽少年說話,才知道他們有更複雜的心事。片中的萬人音樂會,跟個人的剖白,實在是一大反差。但是,社會主流都愛前者而輕後者。

3 腦神經學家弗朗西斯·詹森 (Frances E. Jensen) 和艾米·艾利斯·納特 (Amy Ellis Nutt) 在《青春期的煩「腦」》(*The Teenage Brain: A Neuroscientist's Survival Guide to Raising Adolescents and Young Adults*) 提供了一些重要的資訊,有助年輕人能夠「存活」:首先,年輕人會比成年人更易上癮,故手機或者毒品的影響對他們尤其明顯;擁有同時處理多個任務 (multi-tasking) 的能力常被歌頌,但其實會破壞年輕人的學習能力。情緒壓力對年輕人的影響會比成年人更深遠,他們也更有機會患上抑鬱。我們除了說年輕人荷爾蒙分泌轉變了,其實更應留意他們的大腦發展。年輕人,要好好的活!詹森也說,年輕人的學習能力是最高的。

老年人常厭事，少年人常喜事。

惟厭事也，故常覺一切事無可社為者；

惟好事也，故常覺一切事無不可為者。

老年人如夕照，少年人如朝陽；

老年人如瘠牛，少年人如乳虎。

老年人如僧，少年人如俠。

老年人如字典，少年人如戲文。

老年人如鴉片煙，少年人如潑蘭地酒。

老年人如別行星之隕石，少年人如大洋
海之珊瑚島。

老年人如埃及沙漠之金字塔，少年人如
西伯利亞之鐵路。

老年人如秋後之柳，少年人如春前之草。

老年人如死海之豬為澤，少年人如長江
之初發源。

梁啟超，〈少年中國說〉

英文

與面子最攸關

在香港，有一種方法可以立刻提升個人自信。是染金髮嗎？是駕車去買飯盒嗎？是不小心展示了自己兩隻金牙嗎？這都是不錯的方法，但我的標準答案是能說一口流利英語（English，幻想眾笑）。不過，人們要求愈來愈高，英語流利也不夠，還要求帶 Oxford accent。英文好還未夠好，要不懂中文才算有意思。「唔知中文點講」好像是一種最精確的表達，因為你掌握的才是最高尚的表達方法。

即使國學修養多高，也只不過是一個「老古董」，英文好才是能放諸四海皆歡迎的人才。這樣說當然不是因為吃不到的葡萄是酸的，或者本人受過甚麼屈辱所以要借這篇文章擊鼓鳴冤。我更想反思的是，為何香港人如此高舉英文？當中定必有很多糾結的問題和價值觀。

香港曾是殖民地，英語是唯一法定語言，因此其地位高有獨特的歷史緣由。但環觀世界，英語都是最有影響力的語言之一，這不是證明了英語是世界最受歡迎的語言嗎？學習英語不是理所當然的嗎？

我們要作反思，總離不開考察過去。許多紛爭和世界觀的差異，都出於我們是否願意看歷史，細察我們怎樣一路走來。

語言不只是工具

曾去澳洲聽一名導賞員介紹詹姆斯・庫克（James Cook）船長。她說庫克是第一個發現澳洲的歐洲人，來到澳洲的時候很受原住民（當然不會說英語啦！）歡迎。庫克是澳洲的一個標誌性人物，當然不會預期導賞員會對遊客說他壞話。不過作為過客的我也擔心，雖然不是要鼓吹仇恨，但下一代若不面對歷史，恐怕只會影響正義社會的建立。

庫克是 18 世紀的英國人，他不是天生愛冒險、愛發現的人，和哥倫布等「冒險家」一樣，揚帆出海是為了尋求利益。庫克雖然是科學家，也較有啟蒙和較仁慈的一些特質，但他還是帶着佔據澳洲的計劃來到原住民的地方。從原住民觀點來看，他到來是剝奪，是入侵。而庫克最後亦在夏威夷被原住民殺害。

對了，我去澳洲就是參與一個英語學習團，雖然也包括了解原住民的部分，但主次十分明顯。我們知道英語流行和英美兩個英語國家的霸權建立不無關係，也因為全球化的發展，強經濟的文化都會傳遍世界。說到這裏，我們應該能明白語言並不是中性的，它並不只是一種工具，而也牽涉權力，能塑造我們的視點和思想。

語言與身份

香港學生拼命學英語，新移民來到香港則除了要學英語，還要學廣東話。不少新移民對於廣東話又愛又恨，發音不準成了笑柄，千辛萬苦不過為了融入這個社會。回頭細想，社羣如果多點包容，着重溝通而非所謂語言純正，會否更好？香港人其實已習慣中英夾雜，「叮自己的 lunch box」、「finish 埋份功課」、「which is 好好玩」、「阿 B，你同隻 dog say 個 hi 啦」。我們非但覺得沒有問題，反而認為這樣令表達更流暢、更靈活、更地道。也許，夾雜一些英語可展示我們的階級身份：我跟暴發戶、未受過教育的人的表達方式不一樣。

從語言的使用，真的可看到權力的施展，也可看到身份的表達。看看另一方面，廣東話在西裝筆挺、衣香鬢影的場合，可能已勢孤力弱。名校提倡在學校用英語和普通話，以提高學生將來的「競爭力」；做報告也只能普通話或英語二擇其一。這樣做，用意大概是善良的，是為了提高學生的能力，讓他們多些練習「外語」的機會，但潛台詞卻往往是把母語掃進垃圾桶。或曰，廣東話可以在家裏和日常生活慢用。但問題並不在此，而是我們會否以母語作為學習、討論和思考的語言才是最好？如果這本書要用英語來寫，恐怕也寫不下去了。未必一定是作者英語水平不足，而是很多生活化、令讀

者有共鳴的詞語都不能用。我曾用英語教通識科，學生很感謝老師努力地說 "fish ball"（魚蛋），以增加本地元素。但那和用廣東話或中文講授、學習和討論，可說是另一回事。

語言的喜悅

我跟女兒玩遊戲，五歲和三歲的女兒已經學懂玩找配對、潛烏龜、UNO 等牌類遊戲。只是拿牌的手勢有點笨拙，出牌比較慢，常常要問「到我未」。不過，她們倒還能贏我們這些大人，也比我們更投入，贏了，她們笑得更開心。

也許因此，她們比我們更着重輸贏。未能得勝的，往往在面上呈現清晰的失落感。連輸幾鋪，就會說要換遊戲——或者要求一直玩下去，不許任何人「割禾青」（英文是甚麼？）。

想來，我們在何時才學會享受遊戲中的變化、互動、出人意表和刺激感？就是當我們已投入在更大的遊戲中。以功名利祿作為禮物的競技場令人心醉神迷，誰能真的如此超脫，能遊於藝？

看英超聯精華片段時，女兒有時候會走過來一起看。我會告訴她，每隊足球隊都會輸，但每隊都想在每一場比賽贏（大概是吧）。有一年差點降班的李斯特城，

在 2015 年卻是冠軍——有勝有敗，有高有低，大概這就是好玩遊戲的特質吧。當然，人生並不是足球賽，只得主客和，也並不永遠有對手。但是，相信人生永遠有比賽、永遠有遊戲等着自己玩，也是一種享受。不過，社會的遊戲規則總被表述為「零和遊戲」。

回到英語的話題吧。如果英語是一個零和遊戲，我好你便不好，你好即是我不好，它就不再是溝通工具。但如果以一種「遊於藝」的態度去學英語，可能有另一片天空。到了 40 歲，再沒有考試或者競爭，更不需要默書，也沒有同學的嘲諷，我反而較能享受英語的美。我喜歡英語的名詞、動詞和副詞的交替運用，喜歡英語的抑揚頓挫。看中文書多了，我又愛看英文書，因為不同語言的書籍能表述不同的思維和文化——我願意讓靈魂得到開展。我需要英文，但不是為了功利的理由。

最近，我還和一班朋友讀印度作家阿蘭達蒂·洛伊（Arundhati Roy）創作的《微物之神》（*The God of Small Things*），聽到朋友們中學時花了一整年在文學課細閱這本書，在生活中隨便引述書中句子回應現實的經驗和能力，實在心往神馳。我也知道英語除了用來 show quali 外，還有更另人嚮往的迷人世界。

延伸閱讀

1 認識歷史很重要，但讀歷史也太辛苦了，有時閱讀一些普及書籍去培育歷史感可能更受用。前任希臘財政部長雅尼斯・瓦魯法克斯（Yanis Varoufakis）所著的《**爸爸寄來的經濟學情書：一個父親對女兒訴說的資本主義憂鬱簡史**》（*Talking to my daughter about the Economy or, How Capitalism Works — and How it Fails*）是一個典範。他有其中一問題：澳洲土著為何不入侵英格蘭？作者說：「然而，這個問題十分重要，倘若我們不假思索的回答，很可能輕率地接受了『歐洲人比較聰明且有能力』的看法──這肯定是當時殖民者的觀點──或是『澳洲土著個性溫和，因此無法成為野蠻殘忍的殖民者』的觀念。假如這是對的，後者立論成因的歸結，與前者大致是相同的：它們皆指歐洲白人與澳洲土著在本質上本來就不一樣，毋須特別解釋其成因與理由；而且，白人對澳洲土著以及其他人所犯下的罪刑，也找不出其他更好的合理化說法。」你說，歷史是不是很重要？

2 著名語言學家大衛・克里斯托（David Crystal）的《**英語憑甚麼！**》（*English as a Global Language*），利用英語的歷史解釋為何英語是全球語言。大英帝國的擴張和殖民，以及英國文化被視為文明的推廣，都令英語傳播至世界各地。當一眾國家脫英獨立時，卻又保留了英語作為經濟活動的工具。要了解為何我們學英語，不能不讀歷史。

3 阿蘭達蒂・洛伊（Arundhati Roy）是印度作家，用英語創作了《**微物之神**》（*The God of Small Things*），得到英語小說崇高榮譽的布克獎（Booker Prize for Fiction）。印度曾是英國殖民地，也曾對英國有不少傷害，但洛伊

卻運用英語來述說殖民前後的歷史，還有自身殘酷的文化，包括種性、對女性的壓迫。但正是透過英語寫作，世人更了解印度複雜的故事。英語的使用就是可以這樣複雜！(《微物之神》簡介：https://www.youtube.com/watch?v=QjcCmERmIMo)

When a person says to you, "How do you do?" he will be taken aback if you reply, with impeccable logic, "How do I do what?" The complexities of the English language are such that even native speakers cannot always communicate effectively, as almost every American learns on his first day in Britain.

Bill Bryson, The Mother Tongue: English and How it Got that Way

旅行

可唔可以唔去到盡？

小學生都愛大叫「去旅行，去到盡」！問他們放假會做甚麼，答案莫不是「旅行」。老師放假就全部「飛晒」，最多帶幾疊簿去邊玩邊改。一些家境較好的學生，甚至在考完公開試後，Grad Din（畢業晚宴）之前已去了兩（幾）次旅行，和家人去，和不同的朋友羣去……總之不能不去。旅遊已是我們生活的重要部分。旅行不能不去，不想不去，不去都去。然而，它跟人生有甚麼關係呢？真的非去不可？沒有旅遊的人生會是壞人生嗎？

旅遊是甚麼？

　　要回答這個問題，作出評價，當然首先要考察我們的旅遊經驗。然而這並不容易。我們心目中的旅遊跟現實中的可以很不一樣。很多人把旅遊看成是冒險，但其實一切盡在掌握中，連吃飯前都要在餐館門前上網看它有「幾粒星」，才決定是否光顧；或者即使人在異地，過的仍是日常生活：玩手機、吃薄餅、飲汽水。一些人把旅遊看成是心理回復，好好休息一下，但「三日兩夜式」的玩到盡食到盡，只會令自己更加疲憊。

　　旅遊其實並不只是換一個風景背景，而是主動讓自己處身不同的社會文化中。這就牽涉身份和價值觀的轉換。我離開原有的羣體到其他羣體去，原有的身份懸置

了，但價值觀呢？似乎不能完全放下。如果看到我不能同意的其他文化，我該怎樣做？也許，我們愛用「過門都係客」或者以「過幾日都返香港啦」的心態將問題抹掉，但其實這是讓我們探討文化相對主義的大好機會：有沒有放諸四海皆準的標準？如果沒有的話，那標準只能適用於所屬文化了。

作為旅人，是否也要「暫時」跟着人家的標準？例如，如廁是一個遊客必然會遇到的問題。在馬來西亞，我看到馬桶旁邊會有強力水喉，讓使用者自行清洗馬桶，保持清潔。在日本，廁所則潔淨至你不敢弄污它，而且還設有和式和西式廁所，可見日本願意兼擅西方和傳統文化。在內地，則可說由奢華到馬虎的廁所都找得到。一些酒店標榜有金馬桶，但你在農村則可能要和豬隻共同如廁，人跟自然變得如此親近。但是，如果你旅遊時只往某種五星級酒店，那全世界其實是一模一樣的。

旅遊的德性

由旅遊是甚麼到牽涉價值觀，我們明白旅遊這一行為蘊藏着許多深刻的問題。在現代世界，我們把價值看成是主觀的事，人人自有一套看法，但希臘哲學家亞里士多德則認為，價值是客觀的，它是我們人作為社會動物、理性動物應有的標準。他也不會把今天奉為神明的

「享樂」視為獲取真正的快樂。快樂關乎人生整體，也即是說美好人生才是我們的關注點，而非一時三刻的肉慾享受或感官刺激。

要獲取美好人生，我們需要德性。德性是一種在不同活動都需要的特質。比如在戰爭中，你要有的德性就是勇敢；在學術活動中，你要有的德性就是對真理執着。要有美好人生，我們就要培養各種德性，然後參與各種活動。但人有一致的目標，就是理性的發展，也因此，在亞氏眼中，最高的活動就是沉思和反思。總的來說，我們要有美好人生，先要變成更好的人，這樣才是持久而終極的目標，而不是一味追求快樂或者愉悅。有幾多人會視旅遊為培養德性的機會？反之，我們往往只視旅遊為一種「補償」：平日工作那麼辛苦，那麼大壓力……旅遊就是要善待自己身體：食、買、玩、睡。

從這個角度來看，旅遊能否令我們成為更好的人？它能否培養我們的性格？這端賴我們現在的旅遊到底是甚麼。背包客本來就想與商業模式的主流旅遊劃清界線，創出自主的、道德的、環保的旅遊風格。然而，背包客文化也可以為商業模式侵蝕，人們花錢去買背包客的裝備，但過的仍是主流的商業旅遊體驗。我們有超越商業模式的旅遊經驗嗎？似乎不容易找到。

另一個問題是，在旅遊當中我們並沒有社會角色。

德性的培養，卻很在於我們的角色展現和實踐。比如中國文化推崇的慈和孝，也要在具體的社會角色，亦即父和子當中去展現。戴着太陽眼鏡的旅客就只是觀光、消費，沒有責任，更沒有與當地歷史有牽繫。不過，這也許會改變。現在的旅遊已包含更多內容，遊學、環保旅遊、學術交流、親子旅遊也大行其道。不過，人們只是將自己社羣的活動放在不同社羣中實現罷了。

在全球化下，我們可需要一種新的德性——能夠抽離自己文化去反思和行動的德性。旅遊或許不是美好人生的必需品，但如果身在全球化的世界，並要好好理解和適應，旅遊始終是一條必經之路。它讓我們看到差異，看到多元。旅遊時不要只留在酒店打機、游水、吹水……就多出外走走吧！

延伸閱讀

1 舒國治的《流浪集：也及走路、喝茶與睡覺》是我常常翻讀的書，因為文句太鬆散，很容易忘記，但再看又總是很喜歡，是因為那種懶洋洋的心情，很像旅行，很像流浪。「當你甚麼工作皆不想做，或人生每一樁事皆有極大的不情願，在這時刻，你毋寧去流浪。去千山萬水的熬時度日，耗空你的身心，粗礪你的知覺，直到你能自發的甘願的回抵原先的枯燥崗位做你身前之事。」於是，每天放工，我都會去流浪一會才回家。還看他怎樣寫睡覺：「一般言之，你愈在好的境地，愈能睡成好覺。此種好的境地，如你人在幼年。此種好的境地，如你居於比較用勞力而不是用嘴巴發一兩聲使喚便能獲得溫飽的地方。此種好的境地，如活在……比較不便利、崎嶇、頻於跋涉、無現代化之凡事需身體力行方能完成的粗簡年代……」旅遊（或者平時）不斷走路，弄得自己極累，是城市人重拾「粗簡」之法。

2 我們最愛用自己的標準來判斷他人，甚至其他文化。用刀叉吃飯是高尚，用手吃飯是野蠻。但我曾在馬來西亞檳城目睹有食客用手吃飯（我真係見過！），只能用「優雅」形容！一如美國人類學家羅伯特·路威（Robert H. Lowie）的名著《文明與野蠻》(*Are We Civilized?: Human Culture in Perspective*) 所述，所謂「文明人有時很野蠻，而所謂野蠻人有時候倒很文明」。文明和文化之間相互學習，學習不妄自尊大，才是旅遊的真義。

3 願意看，也要懂得怎樣看。日本舞台設計家妹尾河童的《**窺視印度**》，就啟發了我們「看」原來也有這麼高的段數。這是作者1978年和1983年印度之行的素描隨筆，不只是名勝可以看出門道，由寄物處、小巷、郵筒、火車站的休息室，妹尾都能「看到」很多東西，真是一粒沙看出一個世界。原來，最好的觀察訓練並非不斷拍照，而是素描。讓眼睛慢慢來！

The pleasure we derive from
journeys is perhaps dependent
more on the mindset with which we
travel than on the destination we
travel to.

Alain de Botton, The Art of Travel

知識

不如給我分數

每次我派試卷時，總有機會遇到「求分」人士。「可唔可以俾多一分我？」、「請問有邊個部分值得加分呢？」、「你幫我睇吓啦」。

以上對話反映了分數才是一切，合格就是基本，高分就可以攞獎。但是道理、知識的追尋，卻在考試中被遺忘，甚至還被考試所扭曲。「求學不是求分數」應否改為「求學就是求分數」？如果我們那麼喜歡分數，不如取消上課，每天都考試便行？（還可以早放學呢！）

考試不等於知識

世界是殘酷的。殘酷的意思是我們的生活不但並非理想，還會摧毀理想。一個重視知識、喜歡學習的人，在考試場裏可以不斷做失敗者。我曾跟一位學生談天，他有熱情、有興趣和理想，但就留級兩年。原來他不喜歡那些所謂學習，更抗拒那些一式一樣的「答案」。我跟他談得愉快，其中一個原因是我並非他的科任老師，沒有推動他追求成績的責任，更不用擔心他的「前途」。我可以集中聆聽、了解和欣賞。

能夠有這種態度，當然是因為我對考試也有相當的認識和理解。老師應能明白擁有知識和考試成績好可以是兩回事。舉個例，一個學生可以在「批判思考」科考取好成績，在日常生活卻從不扮演一個批判思考者

（critical thinker）。甚至，他／她還運用在批判思考科學到的知識來欺騙人，比如更有技巧地運用人身攻擊謬誤，更變本加厲的去扭曲字詞。可見，考試並不能保證一個人對知識有正確態度。廣義的學習才包括態度的培養、價值的樹立。

那麼，何謂擁有知識？這必須回到一個人的自身去說明。知識有一種魔力，它令我們能離開一種既定狀態，用新角度看世界。如果不能夠做到的話，那不是知識，充其量只是雜亂的資訊。老實說，當我學習做老師，接觸到教育學的知識，特別是教育社會學（education sociology），令我回顧和省察讀書時的經驗，竟有一種「原來一直蒙在鼓裏」的感覺。知識令我成長，我的成長也更令我領悟知識。

重新審視自己

我看過的每一本書也給我一個重新審視自己信念的機會。比如我們讀哲學的人，總愛說哲學三大支柱是知識論、倫理學和形上學。我們會不期然將這些學問分割。但是，知識獲取有沒有正義與不正義之分，也即是說知識中有沒有倫理學？這點就從來沒有想過，直到遇上女性哲學家米蘭達·弗里克（Miranda Fricker）的《知識的不正義：偏見和缺乏理解，如何造成不公平？》

（*Epistemic Injustice: Power and the Ethics of Knowing*）
一書。作為女性，弗里克對弱勢羣體的處境特別敏感，
她引用文學作品《梅岡城故事》（*To Kill a Mockingbird*）
指出，就算證據如何不足，黑人總是被看作罪犯；而女
性在性騷擾案中的投訴，總是被詮釋為過度敏感；弱勢
分子也不能生產知識，這些都是知識不正義的活生生
示例。

　　香港有沒有這種知識的不正義？第一個例子是「左
膠」這個標籤。這可以說是證言不正義的香港式示例。
也許是由於網絡世界、社交媒體的形式吧，大家都很喜
歡「秒殺」，最直接的肯定是將發言者的可信性降至最
低。比如，香港社區組織協會幹事施麗珊指出，早前有
公立醫院醫護稱其處理的七至八成病人身份證皆是「R
字頭」，就認定是代表新移民，施氏指其實可能包括印
尼人，呼籲醫院管理局公佈有關數據。醫管局前主席
胡定旭出席電台節目時指出，依過往數據顯示，內地單
程證人士使用醫管局資源的個案並非太多，至於現今數
據則有待政府提供，但他相信數目不是很多。從報導
可見，發言者只想提醒我們別太快下結論，要更多證明
（fact check）。這其實是解決問題的基本。但留言者往
往不是找數據或者找其他證據，甚或懸置判斷，反而將
發言者定義為「大愛左膠」，甚至「港奸」。這不但是人

身攻擊、因人廢言，更是證言不正義。

第二個例子就當然是新移民。早前流感爆發，公立醫院前線人員壓力「爆煲」，有人歸咎新移民。醫療系統負荷沉重，明白前線醫護人員面對很大的負擔，政府可做的事也甚多，但在整個事件的觀察上，就是沒有人去對新移民的病症作出詮釋，有病求醫、甚至在自己所屬社區求醫，好像犯了甚麼大罪。難道流感有分新移民的和本地人的嗎？內地單程證政策是人口政策問題，但將病人分為新移民和「香港人」，也有詮釋不正義之嫌。

別人眼中的樑木

曾在臉書驚見羣組「新移民冇得拎六千蚊，這是永久居民獨有的福利，要有十萬個 like 畀班新移民睇」，更驚見自己的學生竟昂然加入。令我感到驚訝的，是他們聰明、語言能力高，更甚有批判能力和精神，為何也會有此一舉？作為一位通識科老師，自覺不應只把心思放在改簿和文件上，於是主動問他們這樣做有沒有問題。他們的答案都是主流論述，比如新移民白食白住，對社會毫無貢獻，他們不認為這是歧視，相反是正義之舉。

說大家不要有偏見，容易；但要讓別人看到自己的偏見，困難；要讓自己看到自己的偏見，則更難。有

朋友奮不顧身加入羣組討論，反而被別人刪貼，溝通中斷。怎樣才可以平心靜氣展示、拆解而非消滅偏見？我們看到別人眼中的樑木，自己眼中連刺都沒有。怪不得阿波羅神殿門柱上印着「認識你自己」這句至理名言。向世界出發前，先要認識自己。

知識不僅僅是分數，不僅僅是力量，而是我們會怎樣對待他人的風向儀。不少校訓都以追求真理為標竿，這是因為對知識的態度，也是我們作為人的根基——求明白他人，而不是求壓制他人的「知識」。

延伸閱讀

1 米蘭達‧弗里克（Miranda Fricker）在《**知識的不正義：偏見和缺乏理解，如何造成不公平？**》（*Epistemic Injustice: Power and the Ethics of Knowing*）這本書就追問我們有否一種知識上的不正義，不是我們傳統知識論所關心的知識的條件是甚麼（如證立的、真的信念），而是我們會否對認識者（knower）作出不正義的行為。她指出有兩種不正義：一為證言的不正義，即我們因為一個人的身份，而貶低那個人提供知識的可信度，也即是我們平常理解的因人廢言或「睇吓邊個講啦」。另一種不正義為詮釋的不正義，是指我們對一些人的痛苦或冒犯不理解，也不願意理解。受苦的人也因為這種詮釋的不正義，像「啞子吃黃蓮」，有苦說不清，更沒有概念夫表達。這兩種不正義在認識活動中產生，但皆會帶來傷害。在權力運作之中，我們不能把知識獲取視為潔淨無瑕，可以「為知識而知識」。

2 現於香港浸會大學新聞系任教的前記者閭丘露薇，在其著作《**不分東西**》開宗明義說自己在內地出生，是十年前來港的「新移民」。當然，以她作為鳳凰衛視採訪總監的身份，很難說她沒有貢獻，但她一再強調，她和每天150個名額的內地新移民一樣，來香港後便從此放棄了內地戶籍，放棄了中國護照，「只能義無反顧地開始做香港人」。我們總把新移民說成好食懶飛，原因有二：一、真的有這樣的新移民；二、現實不是這樣，只是新移民沒有話語權或能力說清楚自己的境況。閭丘露薇的表白正是「香港人」聽不到的一句話。在〈惡阿珍和她所屬的那羣人〉一文中，閭丘露薇提醒我們不要只看導遊阿珍的惡，而要看到因為內地來港遊客增加，能同時講普通話和廣東話的導遊不多，收入微薄更令人卻步，但是阿珍願意從事這種工作。在紛擾和噪動的環境，我們特別要聆聽。

3 我們為何會有偏見？這當然關乎我們怎樣思考。行為心理學家、諾貝爾經濟學獎得主丹尼爾·康納曼 (Daniel Kahneman) 的《**快思慢想**》(*Thinking, Fast and Slow*) 指出，我們有兩個系統思考：系統一是運用直覺，快；系統二則是邏輯思考，慢。後者往往消耗大量能源，故我們傾向用系統一。但系統一又會導致我們犯上很多錯誤，包括確認偏誤 (confirmation bias)。我們會用既定結論，然後一味找符合這個既定結論的證據去詮釋，去解讀。我們又會受到問題怎樣陳設 (framing) 而影響我們的答案。朝三暮四，還是朝四暮三？我們以為是「知識」的東西，很多都不過是偏見或讓我們心安理得的「說法」而已。

Any fool can know. The point is to understand.

Albert Einstein

死亡

活着真的很好？

「生既何歡，死亦何苦。」有看過金庸小說《倚天屠龍記》的讀者，都會知道這是明教教徒經常頌讀的經文。這八個字很容易觸動年輕人的心靈。活着其實有甚麼好？死真是一種苦嗎？

明教源出摩尼教。根據摩尼教，宇宙是兩個相同而永恆的第一原則之競爭。上帝和黑暗王子（Prince of Darkness）分別代表精神和物質。前者是光明的、善良的，後者則是黑暗的、邪惡的。所以，靈魂是善的，身體是惡的。兩者都爭逐宇宙的話事權。有趣的是，他們像 90 年代的阿仙奴跟曼聯一樣，沒一方能壟斷皇者之位，上帝當然不是全能。所以，宇宙恆常處於爭鬥之中。

奧古斯丁最初被摩尼教吸引，是因為它聲稱可用理性理解上帝。另一個原因，是他跟摩尼教一樣對惡十分敏感。一來，他常感到自己生活敗壞；二來，他常被這樣的問題折磨：誰創造了我？當然是我的上帝嗎？上帝不僅是善，而且是善的本體。那麼為何我願作惡而不願從善？是否為了使我承擔應受的懲罰？但是誰給了我這意志？既然我整個人由無比溫良的上帝創造，誰把辛苦的種子撒在我身上、種在我心中？如果是魔鬼作祟，則魔鬼又是從哪裏來的？如果天使因意志敗壞而變成魔鬼，那麼既然天使來自至善的創造者，又為何產生這壞意志，令天使變成魔鬼？

在摩尼教的論述裏，連上帝都會受惡的影響。摩尼教亦否認上帝是全能的，故沒有「上帝全能，但他又不能消滅惡」的不一致看法。在這種善惡交戰的觀念下，生真的不一定是歡，死亦不一定是苦！

世界充滿惡

環顧歷史，這個世界充滿惡。諾貝爾和平獎得主埃利．維瑟爾（Elie Wiesel）那本記述他和父親施羅摩在 1944 年至 1945 年間的著作《夜》（Night）（這本應該是人類必讀的書）的描述，你不會再接受惡是善的缺乏。惡本身就是惡。

麵包掉在車箱裏，引發了一場戰爭，大家你推我擠，相互踐踏、撕扯，猶如沒有束縛的禽獸，眼裏閃爍着兇殘的恨意。

不久麵包屑便飄散在車箱四處，觀眾們注視一羣如骷髏的人為了掙得一口麵包而相互殘殺。

梅伊，我的小梅伊，你不認得我了？我是你父親……你弄傷我……你會殺死父親……

我的麵包……也有你的份……也有你的份……

天地不仁，尚可接受，但納粹對猶太人玩的「小把

戲」，這是惡，不是善的缺乏。集中營的惡有多大威力令我們失去對上帝與人類的信任？維瑟爾說：

　　為甚麼？為甚麼我要讚美祂？我全身每個細胞都在反抗，是因為祂讓無數的小孩葬身在火坑裏？
　　因為祂讓六個焚化爐日以繼夜運作，就連安息日與節慶也不停歇？

　　對於人作的惡，上帝始終保持沉默。
　　1994 年，我和朋友們在卡拉 OK 黑暗的房間中高唱黎明的《那有一天不想你》（我們 80 後懷念的那些黃金歲月）時，在非洲盧旺達發生了一場可怕的種族滅絕。在 100 天裏，80 萬圖西族（Tutsi）被佔多數的胡圖族（Hutu）屠殺。是怎樣屠殺？鄰居忽然向你開戰、胡圖族的丈夫要殺死圖西族的太太、人們設置路障檢查標明種族身份的身份證，然後即場正法。是仇恨，是從眾，故非殺不可──連司鐸和尼姑都殺人，200 萬人牽涉種族屠殺──這時候說自由意志沒有用，說內在良知也沒有用。
　　2005 年，在蘇丹達爾富爾地區發生政府針對非阿拉伯族羣的暴力活動（美國政府認為是種族滅絕）。據聯合國估計，過去 13 年裏，這場危機已造成達爾富爾

270 多萬人流離失所，38 萬難民湧入東邊的乍得。國際刑事法院（International Criminal Court）指控蘇丹總統奧馬爾‧哈桑‧巴希爾（Omar Hassan al-Bashir）犯下種族滅絕罪、反人類罪等多項惡行。

我們這個世界充滿惡，年輕人要知道。我們與惡的距離，也真的很接近。

為何要活着？

在這些背景下，說生存有甚麼好已沒有意義了。但有些人仍活着，我們或許需要一些解釋。活着，未必只落入好與壞的範疇。活着，有時可能只是單純的生之展現，像《鹿鼎記》的韋小寶那種市井之徒，倒更能活得稱心如意。

但還有不能忘記的意義。人是尋找意義的動物。維克多‧弗蘭克（Viktor E. Frankl）是精神官能學及精神分析學教授，開創了「意義治療法」（logotherpy）。納粹當政期間，他曾被囚於集中營，面對各種存在的痛苦。他在《活出意義來：從集中營說到存在主義》（*Man's Search for Meaning*）告訴我們，即使處身極差劣的環境，人仍能找到生存的潛在意義。他常常問自己的病人：「你們為何不自殺？」他們就告訴弗蘭克生存的意義：照料子女、發揮才華、因為那個女子……

我們活在一個幸福的年代。我們的背景「好」，追求的「更好」。在最好的時代，人們有閒暇可以討論哲學，而哲學僅是一種玩意。但在最壞的時代，人們卻真心需要哲學，因為感到迷惘。如尼采所說："That which does not kill us, makes us stronger." 換一個問題吧，不再是生與死的問題，而是如何由弱變強。我們不再找尋上帝，我們將責任放在自身⋯⋯蹭蹭而行。

「永恆回歸」的思想實驗

你活得好嗎？很好。

那麼你願意原原本本重複多一次你的人生嗎？

我問朋友這個問題，他們的答案都是「願意」。不過前提是他們都覺得過得還不錯，也沒有太多後悔的事情。如果我們經歷了非比尋常的苦難，或者承受過極大的痛苦，我們是否還願意重過一次人生？

你可以想像經歷文化大革命的人，或者被囚在集中營的人，會想再經歷一次人生嗎？很難想像⋯⋯但是他們往往在寫作或者重讀歷史時再經歷一次，這就顯出他們的勇氣和責任。

我們不妨用尼采「永恆回歸」（eternal return）的概念去思考人生。尼采透過我們是否願意再經歷我們的人生（甚至人類的歷史）多一次，來讓我們了解自己是否

願意對自己的生命承擔責任。

米蘭・昆德拉（Milan Kundera）在《生命中不能承受之輕》便利用了尼采這個概念，來作為他全書的骨幹：我們是否願意有重量的活着？還是輕飄飄如羽毛？他也指出這不是甚麼新意念。巴門尼德就曾將世界分為一組一組的對立，白晝 vs. 黑夜，熱 vs. 冷，存在 vs. 不存在，前者值得追求，後者應該揚棄。

「我們要選擇甚麼？重還是輕？」重的是責任，輕的是自由。

如果你願意再經歷你曾受過的痛苦（不是快樂）多一次，你就真是個強人了。

導演安德烈・華依達（Andrzej Wajda）的《殘影》（Afterimage），講述著名畫家弗拉迪斯瓦夫・史特澤明斯基（Władysław Strzemiński）不跟波蘭共產黨妥協，最後由教授席位迫至餓死。這位畫家追求甚麼？不是追求，是守住。他守住自己的信念，也守住自己的人格。

他不是刻意追求重，而是當責任降臨時，用肉身承受之。

要認真做一個人，的確有沉重的責任。但只是「食花生」，人生只如在手機看電影。

延伸閱讀

1 哲學家雪萊‧卡根（Shelly Kagan）的《**令人着迷的生與死：耶魯大學最受歡迎的哲學課**》（*Death*）是卡根在耶魯大學的講義結集。他不只談死亡，更帶領我們反思生命的有限性（mortality）和為何人會追求不朽。人死了是甚麼意義？死亡為何是一種壞？不知何故，《死亡》是中國最受歡迎的網上課程。另一大受歡迎的類似課程是陶國璋博士在香港中文大學開辦的《死亡與不朽》。我在其中最深刻的經驗，是在課程中閱讀托爾斯泰（Leo Tolstoy）的《**伊凡‧伊里奇之死**》（*The Death of Ivan Ilych*）。課程部分內容可在陶氏著作《哲學的陌生感》中找到。這都是我們在知性上更了解死亡的好材料。

2 若對尼采哲學有興趣，可先翻看周國平編的《**尼采讀本**》。尼采的哲學是在「上帝已死」的背景下，探討我們人類孤獨地在世界該如何生活，該如何追求「好」？他提出了「超人」這個概念。超人能開創價值，抵抗虛無主義；敢於冒險，敢於接受失敗。魯迅作為反傳統文化的代表，也引用超人哲學。青年人很容易會在當中找到共鳴。

3 諾貝爾和平獎得主埃利‧維瑟爾（Elie Wiesel）那本記述他和父親施羅摩在 1944 年至 1945 年間的著作《**夜**》（*Night*）應該是人類必讀之書。如果你讀到當中對集中營的描述，你不會再接受惡是善的缺乏。你會說惡本身就是惡。人為何會這樣殘酷不仁？地球真的值得人居住嗎？《夜》是研究納粹與二戰的重要讀物，後來被翻譯成超過 30 種語言，銷量逾千萬冊。維瑟爾曾說過一句重要的說話：「遺忘死者，如同對他們的第二次謀殺。」任何年青人準備承擔責任，成為大人前，請先看這本書。

The example of a syllogism that he had studied in Kiesewetter's logic: Caius is a man, men are mortal, therefore Caius is mortal, had throughout his whole life seemed to him right only in relation to Caius, but not to him at all.

Leo Tolstoy, The Death of Ivan Ilych

後記

每個人心裏都應有一座岳陽樓

一

香港樓價高得離譜。看到報紙雜誌介紹的那些能盡覽維港的「優質」單位，售價竟然動輒幾千萬甚至過億。尋常百姓如我，看到之後當然不是味兒。並非因為我沒有那幾千萬而不高興，卻是慨歎私有產權偉大得連自然景色都可以完全私有，而將本身具有豐富內涵的東西僅僅化為價格。心裏忽發奇想：如果每個人都有平等機會在那些單位居住兩日一夜，心情又是否相同？據我頗悲觀的估計，有九成半香港人都會抱着到此一遊的心態，熱烈追求旅遊節目那種氣氛，開一支紅酒，志得意滿地搖搖酒杯，最好有個情人在旁，一副嘆世界的模樣。這不就是樓盤廣告向我們灌輸的享樂教育嗎？

香港的海港除了「醉人」，應該還配得有更多形容詞，然而「坐擁」才是社會鼓吹的單一動詞。我們欠缺形容詞，不是因為「前人之述備矣」，而是因為我們根本沒有把前人放在心裏。再讀范仲淹的〈岳陽樓記〉，我們會更清楚現今社會真的已經墮落了，由「先天下之憂而憂，後天下之樂而樂」的理想，變成「後天下之憂而憂，先天下之樂而樂」，甚至「眾樂樂不如獨樂樂」——更要命的是，那也是理想，或者聰明廣告人會採用另一個稱呼：「生活追求」。這種生活卻與其他人無關。我的故事沒有其他人的故事，其他人的故事也不關我的事。

二

范仲淹為何會寫下〈岳陽樓記〉這名篇？從現在的眼光來看，是一件公事。他的朋友滕宗諒在湖南岳陽任事，重修岳陽樓，邀請被貶到鄧州的范仲淹記重修的事。從文本證據來看，岳陽樓應是一個今天所說的「公共空間」，不是私人會所。但公私要分明，從來都不是金科玉律，公可以見私，私可以見公，這大概才是中國人的做事方式。

文中其中一句「遷客騷人，多會於此，覽物之情，得無異乎」，可以細味。大家其實都是「去國懷鄉」，淪落天涯，同遊此地，然而觸景而生的情卻有不同。為甚麼？這是因為彼此境界不同。有人會因看到洞庭湖「濁浪排空」、「滿目蕭然」而悲傷，有人會因「春和景明」而「喜洋洋」、「寵辱皆忘」。范仲淹都真切地明白這種感情，因為這正是一個失意遷客，也會「憂讒畏譏」，卻也有「把酒臨風」時。人的心情總會隨環境有起有跌，超越的心卻需要主動「求」回來。作者能替自己當家作主，才有資格問「覽物之情，得無異乎？」其實很容易有一點「一覽眾山小」的氣概。宋代的樓昉便說：「此老胸襟宇量直與岳陽、洞庭同其廣大」。妙在此文沒有傲慢，不將關懷變成自我膨脹。

要達到超越，有些人會內省，有些人求神，有些人

求道，范仲淹則是求古人：「予嘗求古仁人之心，或異二者之為」，目的是希望將自己提升於現實之上。如何才能超脫現實，即「不以物喜，不以己悲」？意思當然不是變成一頭沒有情緒感受的怪物，而是把寄託依附於一個更大的自我之上：「居廟堂之高，則憂其民；處江湖之遠，則憂其君。是進亦憂，退亦憂，然則何時而樂耶？」當然，放在現代的脈絡裏，我們會說這是支持專制獨裁，但范仲淹無論如何也不懂支持民主普選吧？我們也會說利他而不利己並非一種自然情感，一不小心，變態收場。但把自利視為唯一行動的動機，也確實同樣形成不少變態的個案。我們要欣賞的是范仲淹這位「前人」企求那種把自己放下、把其他與自己相關的人放大的一種情懷，以及將自己和其他人聯繫的一種能力。這不是臉書或者一部 iPhone 可以代勞，因為這需要個體的想像、感知和確認。這些能力的退化，恰恰見於我們文學的衰落之中。

我們常常把一些抗議政府或者批評政府的事或人誤評為「反社會」，其實市場和私有產權才是反社會，因為它們都僅以個人利益為依歸。雖然經濟學教科書都會說亞當・斯密認為這些最終仍能維繫社會，更稱之為「看不見的手」，但我們都知道動機其實仍是自利。一個只有我、甚至只有我的利益的經濟理論，其實也不是亞當

．斯密理論的全部，而只是某些教科書的教條，因為亞當．斯密其實還有講共感（sympathy），只是今人僅僅把這位道德哲學家限定為經濟學鼻祖而已。即使我們假設社會不會因此瓦解，但我們仍要問：難道只有結果重要，而動機不重要嗎？

三

研讀這篇文章的學生，會明白現今在報章雜誌看到的消費式、享樂式遊記，正好反映大家都在一齊沉淪，而不是〈岳陽遊記〉脫離我們生活，或者陳義過高。清代的謝有煇便說：「記為遊覽而作，卻推出如許大道理，只緣公自寫其志耳。」范仲淹同樣是站在現實裏，他在文章中也從沒很自大地說自己就是「先天下之憂而憂，後天下之樂而樂。」但我們卻很清楚這是他的理想！清代的唐文治也是這樣看：「浩然正大之氣，隱躍行間，而才鋒絕不外露……雖不能至，心向往之矣。」並不是每個人都時時刻刻把他人放在心裏，但至少應該相信我們有把他人念茲在茲的這種能力吧。

有謂：每個人心裏都有一座斷背山，其實每個人心裏更應有一座岳陽樓。「噫！微斯人，吾誰與歸？」

嗟夫！予嘗求古仁人之心，或異二者之為，何哉？不以物喜，不以己悲。

　　　　　　　范仲淹，《岳陽樓記》

那年我們儲下的一瓶陽光

曾瑞明

如果素描註定不能重現現實

我們又是否會接受倒模的雕刻

讓我提議

在陽光下　剪出一個又一個的自己

縱然那

還有如音符與樂章的間隔

但卻是這些不可理解的部分

藏匿了　勇氣

我們不願

無知消逝的結局　會是

躲在螞蟻的殼內　交頭接耳

我們執着年青

年青總喜歡蝴蝶

年青總有一個蝴蝶結

就在沒有日蝕的某天

放下黑色的隱形鏡片

藏寶圖會滿臉笑容地說

那古舊瓶子　就在影子與影子之間

我們唱過的校歌　會祝福我們

——載於曾瑞明：《上有天堂的地方》

（香港：石磐文化事業有限公司，2015 年），頁 15-16。

只要眼前有螢火蟲半隻，我你就沒有痛
哭和自縊的權利。

　　　　　　　　　　周夢蝶，〈四句偈〉